El secreto de la Vida Cuántica

Si este libro le ha interesado y desea que lo mantengamos informado de nuestras publicaciones, escríbanos indicándonos cuá-
les son los temas de su interés (Astrología, Autoayuda,
Esoterismo, Qigong, Naturismo, Espiritualidad, Terapias
Energéticas, Psicología práctica, Tradición...) y gustosamente
lo complaceremos.

Puede contactar con nosotros en
comunicación@editorialsirio.com

Título original: THE SECRET OF QUANTUM LIVING
Traducido del inglés por Miguel Portillo Díez
Diseño de portada: Editorial Sirio, S.A.

© de la edición original
    2008 Frank J. Kinslow
    Editado en español por acuerdo con Lucid Sea LLC.

© de la presente edición

EDITORIAL SIRIO, S.A.	EDITORIAL SIRIO	ED. SIRIO ARGENTINA
C/ Rosa de los Vientos, 64	Nirvana Libros S.A. de C.V.	C/ Paracas 59
Pol. Ind. El Viso	Camino a Minas, 501	1275- Capital Federal
29006-Málaga	Bodega nº 8,	Buenos Aires
España	Col. Lomas de Becerra	(Argentina)
	Del.: Alvaro Obregón	
	México D.F., 01280	

www.editorialsirio.com
E-Mail: sirio@editorialsirio.com

I.S.B.N.: 978-84-7808-759-4
Depósito Legal: B-9.486-2011

Impreso en los talleres gráficos de Romanya/Valls
Verdaguer 1, 08786-Capellades (Barcelona)

Printed in Spain

Dr. Frank Kinslow

El secreto
de
la Vida
Cuántica

editorial Sirio, s.a.

A mi madre, mi amiga de toda la vida.

A mi esposa Martina, la esencia de la inocencia y la chispa de mi vida.

Y a Alfred Schatz y Beate Walker, por sus consejos, apoyo y —sobre todo— por su amistad.

A la memoria del Maharishi, por sus enseñanzas.

Y a Jimmy, un buen compañero.

Prefacio

Hace un par de años desarrollé Quantum Entrainment (QE), un proceso único de exploración del Ser que evita muchas de las trampas del trabajo interior al reducir todas las cosas creadas, físicas y mentales, a su constituyente más básico, la consciencia pura. En principio me concentré en los notables efectos curativos que los seres humanos somos capaces en poner en marcha, pero que rara vez demostramos, mediante un cambio sutil de la consciencia. Escribí *La curación cuántica* para que todos aquellos que lo deseasen pudieran aprender a curar con el QE. Desde que se publicó, personas de todas las partes del mundo han aprendido y experimentado las alegrías de curar con el QE. Me han asombrado los admirables relatos de sucesos curativos que algunos lectores eufóricos han compartido conmigo.

No pretendía que *El secreto de la vida cuántica* fuese una repetición o ampliación de lo que ya has aprendido. Quería que este libro descubriese algo nuevo y vital que te enriqueciese la vida de forma amplia y profunda. Al principio no estaba seguro de si podría comunicarte, a ti, lector, las sutilezas del QE puro a través de la palabra escrita. Pero resultó que mi preocupación era infundada. Por parte de quienes leyeron el texto antes de ser publicado, y que practicaron el perfeccionado proceso de QE que aquí se expone, la reacción inicial superó con creces mis expectativas. Tanto los lectores ya iniciados como los neófitos del proceso de QE me confesaron que la lectura de *El secreto de la vida cuántica* había provocado un profundo cambio en la manera en que vivían sus vidas. Sintieron que en su consciencia se había creado una base nueva y más sólida, cuyo resultado era una disminución del conflicto y un aumento de la confianza, menos discordia y más paz, menor necesidad de tener el control y un mayor aprecio por la vida tal cual es. En pocas palabras, observaron que los impedimentos de sus vidas se apartaban para revelar su bondad interior básica, el resplandor de su Ser.

En *El secreto de la vida cuántica* descubrirás cómo aplicar el proceso de QE para ayudar a mejorar áreas vitales de tu vida, como podrían ser preocupaciones económicas, asuntos relacionados con la ira y la negatividad en general. El QE también puede mejorar tus relaciones, tu vida sexual, así como tus hábitos alimentarios, de sueño y de ejercicio físico. Aunque en este libro también se tratará el tema de la curación: si estás interesado en aprender el arte y la ciencia del rápido proceso de curación del QE, en ese caso *La curación cuántica* seguirá siendo la mejor herramienta de trabajo.

El secreto de la vida cuántica se divide en dos secciones, seguidas de apéndices y un glosario. El Apéndice A incluye las preguntas más frecuentes que me dirigen lectores de todo el mundo. Las preguntas te serán de gran ayuda una vez que hayas empezado a integrar el QE en tu actividad cotidiana. El Apéndice B es autobiográfico y cuenta la historia sobre cómo se desarrolló el QE. Normalmente no escribo sobre mí mismo, a menos que el relato sirva para enriquecer la experiencia del lector en algún sentido. Me han preguntado en tantísimas ocasiones cómo llegué a desarrollar el QE que me ha parecido oportuno responder a dicha pregunta en el Apéndice B. Me parece que el Glosario tiene un valor muy importante. Gran parte de la terminología que utilizo es muy normal, pero no aparece definida en su aplicación específica. Puede evitarse mucha confusión si se dedican unos minutos a repasar el Glosario para así conocer las definiciones concretas de palabras y frases en el contexto de mi enseñanza. Aunque en el texto intento definir nuevas palabras y frases, te animo a que recurras a menudo al Glosario hasta que hagas tuya la definición.

En la Sección I, *Quantum Entrainment*, se te presenta una serie de sencillos y eficaces ejercicios progresivos que culminan en el proceso puro del QE. Por esta razón, te sugiero que te leas la Sección I de principio a fin sin saltarte nada. A aquellos que ya hayan leído *El secreto de la curación cuántica*, algunas cosas les resultarán familiares. Posee cierto valor a dos niveles. En primer lugar, es necesario que el lector nuevo conozca este material al objeto de que le resulte más fácil aprender y poner en práctica de manera eficaz el proceso de QE. En segundo lugar, es un excelente repaso para aquellos que ya practiquen QE. Este repaso sienta las bases para que los practicantes experimentados aprendan el QE puro, un perfeccionamiento del propio proceso del QE. El QE puro fomenta la expansión de tu consciencia más allá de los límites impuestos para facilitar una expresión integral del QE en la vida cotidiana.

La Sección I ofrece nuevas revelaciones y explicaciones sobre el funcionamiento interior del Proceso del QE que expandirán la mente –y creo que también apasionarán– al practicante avezado de QE. En cuanto a aquellos lectores que se están aproximando por primera vez a esta sencilla y afortunada filosofía... Bueno, creo que les encantará. En esta primera sección, profundizarás en el papel de la Eumoción y su relación con la consciencia pura. También aprenderás acerca de los caminos interno y externo hacia la felicidad, y la manera en que el proceso de QE induce con rapidez estados elevados de consciencia. Hablaremos sobre qué buscar a la vez que tu percepción se vaya perfeccionando de cara a la iluminación.

En la Sección II, *Vida cuántica,* descubrirás cómo aplicar lo aprendido en la primera parte del libro. Aquí comprobarás el valor práctico del QE puro. La Sección II proporciona los fundamentos para vivir en pura consciencia y brinda la apasionante oportunidad de describir la paz y el gozo de tu Eumoción reflejándose de nuevo hacia ti desde las personas, los objetos y los hechos que foman parte de tu vida cotidiana. Al vivir con QE, uno descubre que la vida mundana está permeada de una sensación de asombro y tranquila expectativa.

Me entusiasma imaginarme el impacto potencial que este libro podrá tener en tu vida y en nuestro mundo. El QE abre la consciencia a nuestro Ser interior de una forma única y eficaz. Al abrir nuestra consciencia interior estamos regresando a la novedad de la infancia con los ojos repletos de maravillas acerca de la belleza ordinaria que impregna nuestras vidas. Nuestro mundo ha estado viviendo en medio de una especie de oscuridad del alma. Nos hemos asomado a la oscuridad exterior en busca de solución cuando la respuesta se hallaba en otra dirección, en la de la luz del Ser. Al abrir este libro, se enciende una vela para hacer frente a esa oscuridad.

Frank Kinslow
Sarasota (Florida)
8 de octubre de 2009

Quantum Entrainment

Capítulo 1

Los milagros

La expectación es el escenario donde suceden los milagros.

EDWIN LOUIS COLE

Sujeto y objeto sólo son uno. No puede decirse que la barrera
que los separa se haya venido abajo como resultado de los
experimentos más recientes en las ciencias físicas,
pues esa barrera no existe.

ERWIN SCHRODINGER

Coloca con suavidad la punta de tu dedo índice en el centro de tu frente. A continuación, pon atención a lo que sientes en ese punto. ¿Qué siente el dedo al apoyarse en la frente? ¿Qué siente la frente al sentir la presión del dedo? ¿Tienes la frente fría o caliente? ¿Tienes la piel seca o grasa? ¿Notas el pulso en la frente? Con tranquilidad pero con claridad, concéntrate en lo que sucede ahí donde entran en contacto el dedo y la frente. Hazlo durante 30 segundos.

Y ahora, ¿cómo te sientes? ¿Tienes el cuerpo algo más relajado? ¿La mente más sosegada? La mente está más centrada, menos dispersa, ¿no es así? Antes de que empezases a leer el párrafo anterior, tu mente se movía más. Puede que te preguntases un tanto ansioso qué ibas a aprender en este libro. O tal vez estuvieras pensando en lo que acababas de comer o en lo que ibas a comer, o reflexionando sobre una conversación anterior con un amigo, o pensando en que debías ir preparándote para tu viaje de la semana que viene. Pero durante este sencillo ejercicio, tu mente estuvo presente. Tu consciencia era simple y directa. Y, como resultado de ello, tu cuerpo se relajó y tu mente se sosegó. ¿Por qué? ¿Cómo puede un ligero cambio de consciencia provocar un cambio tan inmediato y positivo en el cuerpo y la mente?

Bien, me alegra que me hagas esa pregunta. Acompáñame a través de las páginas de este librito sencillo pero profundo y aprenderás a manejar el poder de la consciencia para transformar tu vida en todos los sentidos. Así es. Todos los aspectos de tu vida —salud, economía, amor, trabajo e intereses espirituales— se volverán más entusiastas y completos; lo único que debes hacer es aprender a ser consciente. Y a propósito, aprender a ser consciente es la cosa más simple que puedas imaginar.

Aprendiendo a ser consciente, a permanecer atento, de la manera adecuada, podrás curar dolencias físicas como esguinces de rodilla, dolores de cabeza, indigestión y dolor articular; mitigar preocupaciones emocionales como celos, amargura, ansiedad y miedo; y tomar las riendas de tu economía, tus relaciones e incluso tu vida sexual. También funciona con las mascotas. El proceso que te enseñaré es sencillo, científico, fácil de aprender y de eficacia inmediata. No requiere que te sientes a meditar ni que flexiones el cuerpo adoptando posturas incómodas, ni tampoco que fuerces la respiración de ninguna manera. No tienes que apuntarte a un grupo ni pagar cuotas. Ni siquiera es obligatorio que creas en ello para que funcione. Está más allá de las creencias. Es el Quantum Entrainment

(QE) y está abriendo corazones y mentes por todo el mundo al poder armonizador de la consciencia pura.

¿Te interesa? ¿He conseguido que por un momento te olvides de ese bocata y que te limpies la mayonesa de las comisuras de la boca? Bien. Lo único que necesitas para que el QE funcione es atención. Nada más. Así de sencillo. Te enseñará a alejarte de la mente plagada de pensamientos y multidireccional para dirigirte hacia un sosegado mar de consciencia pura, de manera que puedas experimentar de primera mano la liberación de la agitación mental y la locura emocional. Tal y como dice el *Bhagavad-Gita*: «Un poco de consciencia pura alivia el alma de un gran temor». Tienes la sabiduría de los antiguos en tus manos, en el interior de las páginas de este libro.

Hasta el momento no he hecho más que afirmaciones muy serias, pero no me habría atrevido si no pudiera respaldar mis palabras con hechos igualmente serios. Así pues, creo que ya he hablado bastante por el momento. Me gustaría que experimentases el notable efecto que puede tener concentrar la consciencia pura en tu cuerpo. Sigue atentamente estos pasos y te asombrarás ante lo que ya eres capaz de conseguir... Y eso no será más que el principio.

El ejercicio del dedo que crece

Mantén la mano en alto, con la palma mirando hacia ti y busca la línea o arruga horizontal que discurre por la parte baja de tu mano, por encima de la muñeca. Localiza la misma arruga horizontal en tu otra mano. Coloca ambas muñecas juntas de manera que las dos rayas se alineen exactamente. A continuación, junta con cuidado las palmas y dedos. Las manos deben alinearse perfectamente adoptando la postura de oración.

Procura que ambos dedos corazón estén en línea. Deben tener la misma longitud, aunque tal vez uno sea algo más largo que el otro. Para este ejercicio deberás elegir el más corto. Si tus dedos son iguales, podrás hacerlo con uno o con otro. Como prefieras.

Separa las manos y apóyalas sobre la mesa o en tu regazo. Fíjate, y hazte consciente del dedo corazón elegido y piensa: «Este dedo crecerá». No muevas el dedo. Sólo hazte muy consciente de él. Permanece así durante todo un minuto. No tienes que volver a decirle que crezca. Basta con una vez. Sólo has de proporcionar lo que necesita para realizar la transición: *atención concentrada*. Ese dedo debe tener toda tu atención durante todo un minuto. ¡Eso es todo!

Cuando haya transcurrido ese minuto, vuelve a medir la longitud de los dedos utilizando como guía las líneas de las muñecas, igual que has hecho antes. ¡Listo! ¡Tu dedo ha crecido! Es asombroso. Es como un pequeño milagro. Sin embargo, san Agustín nos enseñó que los «milagros no suceden en contradicción con la naturaleza, sino sólo en contradicción de lo que se *conoce* de la naturaleza». Así pues, vete acostumbrando. Irás creando pequeños milagros cada día una vez que «conozcas» el secreto de la consciencia.

Antes de realizar el ejercicio del «dedo que crece», te explicaste a ti mismo lo que deseabas que sucediese, ¿verdad? Sólo pensabas en una cosa: «Este dedo crecerá». Y entonces sucedió, sin que tuvieras que hacer ninguna otra cosa de tipo físico ni mental. El único ingrediente que añadiste fue consciencia. Eso es lo único que necesitamos para hacer cualquier cosa. Ya sé que resulta difícil de creer, pero es cierto y te lo habrás demostrado a ti mismo cuando acabes de leer este libro. La consciencia es la fuerza motriz de todo lo que sabemos, vemos y sentimos, y una vez que seas consciente de ello, tu vida fluirá sin esfuerzo como un río que fuese a desembocar en un mar repleto de posibilidades.

Ahora volvamos a pensar en el momento en que te diste cuenta de que te había crecido el dedo. ¿Qué sentiste en ese instante? ¿Sorpresa? ¿Tuviste una sensación de asombro y maravilla? Ese es el efecto que produce un milagro en nosotros, ¿no es así? Nos despierta de nuestras ensoñaciones. Durante un instante nos sentimos conmovidos, apasionados e inspirados. ¿No sería maravilloso que pudiéramos vivir nuestras vidas en un constante asombro, como niños inocentes explorando el mundo con los ojos bien abiertos? Pues adivina. Podemos. Albert Einstein descubrió este secreto: «Sólo hay dos maneras de vivir tu vida —dijo—. Una es como si nada fuese un milagro. La otra es como si todo fuese un milagro».

Bien, pues ahora permíteme que pase un minuto más concentrado en esta sensación de asombro, porque es una pieza muy importante del rompecabezas de la vida. Esa sensación de asombro o maravilla es lo que denomino una Eumoción. Una Eumoción es la prueba de que nos hemos sumergido en las aguas de la consciencia pura y de que hemos vuelto a emerger bañados en su influjo regenerador y armonizador. La Eumoción es una parte vital del aprendizaje sobre cómo ser dueños de nuestra propia vida sin hacer nada. La Eumoción siempre sienta bien, así que acostúmbrate a la idea de llenar tu vida cada vez con más paz, amor y alegría. Después pasaremos a comprender y experimentar algo más la Eumoción. Siguiendo las sencillas instrucciones que aparecen en las páginas de este librito, obtendrás las herramientas y las revelaciones necesarias para transformar las vidas de tu familia, amigos e incluso de personas desconocidas. En cuestión de segundos podrás entrar en contacto con ellas de una manera profunda y para siempre. Y al hacerlo, en cada ocasión también te transformarás a ti mismo. No podría ser de otro modo.

Eso es lo que te prometo. Aprende el Proceso del QE y llévalo a cabo tal y como se presenta aquí y no tardarás en descubrir notables cambios en todas las áreas de tu vida. Algunos cambios son previsibles, pero la mayoría serán como un regalo inesperado. La alegría te sorprenderá sin cesar y tu paz interior te sosegará. Toda tu vida será exactamente igual que antes, y sin embargo, te notarás más afectuoso y animado. Tus amistades se darán cuenta de que has cambiado, de que estás más presente y eres más generoso. Por tu parte, ahora afrontas los problemas —los altibajos que acosaban y definían tu vida anterior— con una aceptación interior que les permite fluir con facilidad de dentro a fuera sin hallar resistencia. La paz interior es la regla en lugar de una excepción deseada y raramente experimentada. Tu vida interior cambiará enormemente aunque por fuera nada dé la impresión de haber cambiado, excepto tal vez por esos hombros relajados y unos andares cómodos y seguros, y sobre todo, por esa chispa traviesa en tu mirada. Luego, al cabo de poco tiempo, mirarás hacia atrás, a tu vida, y pensarás de ti mismo: «Soy un milagro».

Capítulo 2

Cómo ser feliz

La falta de tiempo es la mayor carencia de nuestro tiempo.

FRED POLAK

Una sola vela puede prender miles de velas, y no por ello verá
acortada su vida. La felicidad nunca disminuye al ser compartida.

BUDA

Si preguntas a diez personas qué significa «vivir en el ahora»,
obtendrás diez respuestas diferentes. Igual que ocurre con
el tiempo, todo el mundo habla de ello pero nadie parece hacer
gran cosa al respecto. Tal vez se deba a que muchos de nosotros
no estamos ni siquiera seguros de lo que significa «vivir en el
ahora» ni de qué beneficios podría aportarnos.

A primera vista, parecería que definir «el ahora» tendría
que ser algo fácil, pero resulta que no. Podrías decir: «Ahora es
ahora» y olvidarte del tema. Serías un tipo listo. Pero si rasca-
mos un poco bajo la superficie del «qué es ahora» se revela un
amasijo de retorcidos gusanos racionales pero inmanejables,
dispuestos a confundir tanto al científico como al filósofo. De
hecho, se dice que la búsqueda de la consciencia del presente y

la esquiva paz interior que se supone que reporta, ha descon-
certado a la humanidad desde la aparición de la primera chispa
de consciencia de sí mismo en los ojos de la humanidad.

Nuestros cuerpos-mentes evolucionaron gracias a tensiones a corto plazo, como el mal tiempo inesperado, escaramu-
zas menores con tribus vecinas y el ocasional ascenso a un árbol
alto para no ser devorados por un tigre de dientes afilados. Los
cazadores-recolectores prehistóricos sólo trabajaban tres o
cuatro días a la semana para conseguir los víveres que permi-
tían la supervivencia. Intercaladas entre esos días de acontecimientos estresantes, había jornadas de socialización ociosa con
otros miembros del clan, paseos a orillas del lago y horas observando el paso de las nubes tendidos boca arriba sobre el suelo.

Si pudiéramos elegir una palabra que definiese la vida de
los seres humanos modernos, tendría que ser «frenética».
¿Cuándo, en la historia documentada, hemos estado tan pre-
dispuestos a una actividad tan incesante? Nos estamos volviendo locos. Sesenta o setenta años no es tiempo suficiente para
que nuestros nervios, huesos y cerebros se adapten a la cre-
ciente actividad y estrés a los que nos empuja la vida moderna.
Nuestros cuerpos-mentes necesitaron generaciones de tranquila evolución para prepararnos para el «machaque» que significa la vida en el siglo XXI. Se crearon para una existencia más
pacífica y contemplativa.

Esa naturaleza contemplativa desarrollada por nuestros
antepasados sigue en nosotros, codificada genéticamente en
las células, esperando pacientemente a ser redescubierta. Es
una voz siempre presente aunque frágil, que se esfuerza por
hacer frente a la escalada de actividad de la locura moderna. Si
nos paramos un momento a escuchar, podremos oírla suplicar:
«¡Frena, frena y disfruta! Deja que el mundo pase de largo

durante unos pocos minutos». Esa voz puede escucharse, no como un eco procedente de nuestro pasado ni reflejada en las esperanzas y temores de nuestro futuro imaginario, sino ahora mismo. Y eso nos trae de vuelta al ahora.

Creemos que si nos tomamos algún tiempo para no hacer nada, lo estaremos desperdiciando. Pero esta cuestión no trata de cantidad sino de calidad. Mirar hacia el interior rejuvenece la mente y el cuerpo de tal manera que los armoniza con el mundo exterior. Tomarse tiempo para soñar o meditar compensará con creces el tiempo «perdido», convirtiéndolo en energía y creatividad renovadas.

La actividad cotidiana es inevitable, y aunque retirarse del mundo para meditar sea beneficioso, estaremos pasando por alto una verdad superior. Hemos asumido erróneamente que no podemos ser activos y estar sosegados a la vez, al mismo tiempo. Pero resulta que podemos ser activos por fuera mientras estamos sosegados por dentro. Sí, puedes nadar y guardar la ropa. Por el hecho de ser humano, en realidad puedes rejuvenecer mientras vives; puedes mantener un estado de paz interior sosegado *mientras* te implicas en tu rutina diaria.

Imagínate un hombre tendido de espaldas en el suelo mirando las estrellas. Lleva así bastante tiempo y su mente es como el tranquilo vacío del espacio. No es la mente de un emprendedor o un obrero cualificado. Este hombre tal vez no sepa cómo abrir una puerta, comer sopa con una cuchara o saludar de un modo cortés. Y no obstante, está totalmente atento y lleno de una confianza y una tranquilidad que antes estuvo reservada a los santos y a los grandes maestros espirituales. Ese hombre murió hace millones de años, envuelto en pieles de animales y fue llorado únicamente por un puñado de personas como él: los miembros de su clan. Su vida contemplativa constituye un marcado contraste con la de sus descendientes actuales, cuyos pensamientos reflejan un nido de serpientes retorciéndose a partir del primer destello de consciencia por la mañana hasta el último suspiro nocturno, cuando el silencio del sueño le libera y le prepara para la embestida del día siguiente.

Nuestro antepasado era básicamente igual que nosotros. A efectos prácticos, era uno de nosotros. Si naciese hoy y se criase en una familia de clase media, no creo que fuese posible identificarle entre sus primos contemporáneos. Pero ahí radica el problema. Las fuerzas que forjaron su gran cerebro y que enderezaron su cuerpo no son las que conoce el hombre moderno de la actualidad... Ni mucho menos. Nuestros cuerpos y mentes, formados antes de que se inventase el tiempo, se ven hoy sometidos a fuerzas extrañas y desconocidas para los pueblos de la antigüedad. Contaminación, trabajos muy estresantes, la presión del pluriempleo, una altísima tasa de divorcio, las horas sentados frente a un ordenador y la necesidad de digerir nuestra ración diaria de noticias negativas procedentes de todo el mundo eran causas de estrés absolutamente desconocidas para nuestros antepasados, a las que no tuvieron que enfrentarse ni siquiera hace un siglo.

Decir que hemos creado un mundo desenfrenado es una obviedad. Nos vemos impulsados por una insaciable necesidad de llenar cualquier vacío. El conocimiento es el nuevo dios. Estamos convencidos de que si sabemos algo sobre cualquier cosa, entonces poseemos esa cosa, la podemos controlar. Y si no podemos controlar una cosa, o bien la podemos usar para ampliar nuestro conocimiento y aumentar el control o bien para protegernos de cualquier perjuicio, tanto real como imaginario. Así que nuestro pensamiento colectivo se parecería a lo siguiente: si aumentamos nuestro conocimiento acerca de algo, podemos aumentar nuestro control sobre ello. Si aumentamos nuestro control sobre algo podemos utilizarlo para ampliar nuestro conocimiento o eliminarlo como una amenaza para nuestra seguridad y nuestra incesante búsqueda de conocimiento. ¿Ves la sutil demencia íntimamente trenzada en el tejido de nuestro pensamiento?

La cuestión que deberíamos plantearnos no es: «¿Cómo puedo obtener más control?», sino: «¿Cómo puedo liberarme de la necesidad de controlar?». Más allá de las necesidades básicas de supervivencia y bienestar, ¿por qué *necesitamos* ganar más dinero, conducir un coche más veloz o sentirnos obligados a compartir nuestros problemas con el cajero del supermercado? Abraham Maslow diría que tenemos una necesidad psicológica de controlar, y estaría en lo cierto. Pero eso nos lleva a la pregunta: «¿Qué es lo que provoca esa necesidad psicológica de control?».

La necesidad de controlar procede de la sensación de que el control es imprescindible. Es decir, nos sentimos descontrolados. La sensación puede ser consciente o no. De hecho, la mayor parte del tiempo no lo es. Pero esa necesidad sutil e inconsciente de controlar alimenta la mayoría de nuestros deseos más allá de la mera supervivencia y el bienestar básico (soy consciente de que este modelo es una simplificación excesiva de las intrincadas interacciones psicológicas que rebotan entre nuestras orejas, pero sigue este hilo argumental durante un rato y veremos adónde nos conduce).

El ego se expresa de una de las dos maneras. Puede estar tranquilo, sentirse expandido y completo. Así es como lo experimentas cuando observas profundamente un cielo cuajado de estrellas o cuando te despiertas y te sientes en armonía, sientes que en el mundo todo está bien como está. La otra expresión del ego es la que experimentamos en el 99% de las ocasiones. Y es que el ego se siente vacío e intenta llenar ese vacío reuniendo a su alrededor las cosas y las personas que le hacen sentirse colmado temporalmente.

Esa es la palabra clave: «temporalmente». No parece que seamos capaces de aplacar al ego de modo permanente, ¿verdad que no? Cuando nos compramos un coche nuevo, nuestro ego queda satisfecho hasta que vemos un arañazo en la puerta o hay que pagar el primer plazo. Cuando estamos a punto de pagar la última letra, lo único que queremos es deshacernos de ese coche y adquirir otro nuevo. Coche nuevo, trabajo nuevo, alimentos nuevos, más dinero, más tiempo, más amor; nuestros egos buscan inagotables experiencias cada vez más nuevas, en un esfuerzo inútil de ahogar esa diminuta y débil voz que procede de algún lugar en nuestro interior y que no deja de murmurar: «Sigo sin estar lleno».

Podrías pensar que esa sensación de vacío no es una buena cosa, pero lo cierto es que sí lo es, de la misma manera que el dolor físico es algo bueno porque si no sintiésemos dolor, no sabríamos que algo anda mal. Imagina que tuvieses un déficit neurológico o la enfermedad genética de la anhidrosis, y no sintieses dolor (anhidrosis significa en realidad la incapacidad de sudar que acompaña la incapacidad de sentir dolor). No podrías beber ni comer nada caliente, y si lo hicieras, no sabrías si te estás mordiendo la lengua junto con el bocado que estás tragando. No sabrías si desarrollas síntomas de congelación al dar un paseo por el parque, o si sangras al darte un golpe en la cabeza con el armarito del rincón. El dolor es una señal de aviso natural que nos indica que algo no marcha bien. Lo mismo ocurre con la sensación de vacío. Es una señal de aviso de que lo que estamos haciendo no va a solucionar el problema.

Intentamos y llegamos a ahogar esa vocecita que no deja de recordarnos de mil maneras que falta algo. De hecho, el ser humano moderno demuestra una gran inventiva a la hora de descubrir maneras de acallar esa voz interior. La tecnología es nuestra principal herramienta, que se presta de buena gana a la mentalidad de «enganche» que hemos desarrollado a fin de satisfacer nuestro apetito insaciable de más. El ordenador frente al que estoy sentado es un ejemplo perfecto. Funcional, sí, pero también —cuando me «engancho» a Internet— uno de los juguetes más potentes inventados por la humanidad. Ir de compras es otro. ¿Cuántos de nosotros no hemos comprado algo que en realidad no necesitábamos? ¿Cuántos nos acordamos de aquel famoso talismán? ¿Cuántos seguimos conservando uno? Vamos, vamos. Confiesa. Después de haber pagado una buena suma por uno, resulta difícil tirarlo así como así. Me apuesto algo a que sigues teniéndolo en el trastero o en algún otro sitio.

Nos «enganchamos» a diversiones para distraer nuestra atención y alejarla de esa sensación de vacío, soledad y pérdida. Compras, comidas, deportes de riesgo, sexualidad, televisión... Una lista interminable. Ni siquiera podemos disfrutar de los frutos de nuestros esfuerzos porque casi de inmediato se abre paso en nuestros cerebros el deseo de un modelo más grande y mejor. Nunca acabaremos de llenar el abismo de vaciedad intentando llenarlo de cosas, pensamientos y emociones. Eso sería como pegarle una cinta negra al indicador del nivel de aceite para que la luz roja no nos recordase constantemente que nos falta. Vacío, aburrimiento, inquietud y ansiedad —como el dolor físico— son luces rojas de advertencia. Intentan avisarnos de que algo marcha mal. Intentan decirnos que la actividad externa no nos asegura la paz interior. No hemos dejado de dirigirnos al exterior para conseguir cada vez más cosas, pero la respuesta se encuentra en la otra dirección.

Así pues, ¿cuál es el problema? ¿Por qué sentimos un estímulo imparable de conseguir y adquirir cada vez más? El problema es que no necesitamos más. Necesitamos menos. De hecho, necesitamos menos que menos. No necesitamos nada. Ya sé que suena fatal, pero es cierto. Así es como funciona.

La física cuántica nos dice que la vida tiene dos caras: 1) el campo de forma y energía, y 2) la Nada de la que todo procede. En realidad, la física cuántica no fue la primera en señalarlo. Textos espirituales como los *Vedas* o las *Upanishads*, las escrituras taoístas y budistas, y la doctrina cristiana hacen todos referencia al vacío que existía antes de la creación. Entonces ¿qué pasa? Pues que resulta que la Nada no está vacía. Pon atención ahora, porque es cuando esto se pone interesante. Todas las cosas de la creación —el polvo de estrellas y la antimateria, así como las mariquitas y los dulces sueños— existen en el mundo relativo de forma y energía. Rodeando e interpenetrando el campo de la forma está la Nada. La Nada dispone de todos los componentes básicos para colmar nuestra existencia cósmica con una infinita multiplicidad de cosas, pero como Nada, todavía no han tomado forma.

¿Cómo sabemos que la Nada existe? Bien, tanto los sabios como los científicos nos dicen que está ahí. David Bohm, un teórico de la mecánica cuántica, al que Einstein consideraba su heredero intelectual, llamó a la Nada el «orden implicado». Los dos primeros versículos del Génesis no dejan lugar a dudas: «Al principio... el mundo carecía de forma y era vacío». El eco de la Nada también se oyó hace más de 3.000 años en la primera línea de la *Taittiriya-Upanishad*: «Al principio, el mundo no era».

Pero, la Nada no permaneció inactiva y se dedicó al asunto de la creación. Su primera actividad fue pensar. Y su primer pensamiento fue acerca de sí misma. ¿Qué otra cosa podía pensar? Ese primer pensamiento creó la sensación de Ser, esa esencia ilimitada que conoces como «Yo». Luego la Nada pensó en todas las cosas realmente extraordinarias que podría crear. Entonces fue cuando la Nada se convirtió en algo. El Génesis sigue diciendo: «Y el Espíritu de Dios se movió sobre las aguas. Y Dios dijo: "Que se haga la luz; y la luz se hizo"». La *Taittiriya-Upanishad* también asegura: «De la inexistencia llega la Existencia. De sí misma, la Existencia creó al Ser. Por eso, se denomina hecho a sí mismo». Ya lo ves, esta idea de la Nada que todo lo crea lleva años circulando. Y es por una razón.

Cuando se añade la idea de la Nada a la experiencia de la Nada, produce un efecto muy notable en nosotros. Acaba con el sufrimiento. Así es. La Nada elimina la angustia, la desdicha y el desasosiego. Equilibra cualquier tipo de discordia y fortalece el cuerpo y la mente. Es una auténtica panacea que cura cualquier enfermedad y locura de la humanidad. Y lo hace sin esfuerzo, eliminando la necesidad de luchar y esforzarse. Es lo que hay. Así que, cuando el ego asoma en busca de satisfacción a través de una nueva relación o un coche nuevo, sería mejor que se llevase a la Nada o acabará con algo que no quiere: sufrimiento.

¿Qué tontería, verdad? Creemos que necesitamos reunir a nuestro alrededor más posesiones y amistades para sentirnos completos. Pero como bien sabemos todos, todo lo que se puede ganar, también se puede perder. Todos sabemos de gente que ha perdido fortunas y amigos que en una ocasión creyeron que tendrían para siempre. El sufrimiento no lo provoca la pérdida, sino, más bien, el temor a perder y el anhelo de su regreso. Las cosas y la gente no son el problema. El apego a ellas de la mente es lo que crea el sufrimiento. La mente se aferra a cosas porque desconoce el valor de la Nada. Si no tienes Nada, no tendrás nada que perder. Creo que esta última frase requiere de un poco de explicación.

Observémosla en términos de paz. Cuando nos sentimos en paz, no sufrimos, ¿verdad? La paz y el temor no pueden coexistir. Una mente sosegada no puede abarcar el sufrimiento. Son diametralmente opuestos. No es que la paz expulse al temor y el sufrimiento: lo que ocurre es que no les permite existir en esa atmósfera propicia. La paz no es terreno fértil para el miedo. Tal vez comprender un poco mejor la paz nos serviría para cuando tengamos que hacer frente al sufrimiento.

¿Qué es la paz? Si la consideramos como una expresión de mayor o menor actividad mental, diríamos que paz es menos actividad, ¿verdad? Piensa que observar una puesta de sol o sentarte en un tronco en el bosque es algo opuesto a discutir con tu jefe.

Puedes estar en paz aunque tu cuerpo esté activo. Los corredores de largas distancias suelen hablar de sentir paz interior aunque su cuerpo se esfuerza de lo lindo. La cuestión es que la verdadera paz es la que se refleja en una mente sosegada, independientemente de lo que haga el cuerpo.

Así pues, podríamos decir que cuanta menos actividad mental hay, más paz interior refleja. De ser así, entonces también podríamos decir que la falta de actividad es la paz absoluta. La actividad es energía, y la inactividad es ausencia de energía. La ausencia de energía es la Nada. Por lo tanto, la Nada es paz absoluta. Qué inteligente, ¿verdad?

El ego siempre intenta añadir algo para realizar su existencia. Cree que más educación, mejor salud o más dinero crearán la paz y lo liberarán de la ansiedad. El problema es que añadir cosas es añadir energía, y añadir energía, como ya sabemos ahora, es algo que se opone a la paz. Esta es una cuestión muy importante. Si hallar paz fuese un proceso matemático, debería incluir la resta, no la suma. Pensemos un minuto en sustraer cosas de nuestra vida. ¿No te notas ya algo menos ansioso cuando piensas en no tener que ir a trabajar o incluso en no tener que irte de vacaciones? Incluso las buenas experiencias, como las vacaciones, pueden causar estrés. ¿En cuántas ocasiones has regresado de las vacaciones y has sentido que por fin podías descansar? Bien, pues ahora llegan las buenas noticias. He descubierto una manera con la que puedes mantener tu vida activa y seguir conservando una mente sosegada: igual que el corredor cuyo cuerpo está muy activo pero su mente permanece tranquila. Requiere un poco de práctica, pero los resultados son inmediatos y estimulantes. Una vez que aprendas el sencillo proceso del Quantum Entrainment (QE), podrás curarte a ti mismo y a tus amigos, sin esfuerzo, de la aparente discordia de la vida cotidiana.

Matemáticamente, el proceso del QE opera por sustracción. Le ofrece a tu mente menos, menos y menos hasta que no queda Nada. Entonces —y esta es la parte buena de verdad— mantiene tu mente en ese nivel delicadísimo de creación, en el que mora tu Ser interior, mientras que al mismo tiempo le permite flotar suavemente de regreso al ajetreo de la vida cotidiana. Se tiene un pie en cada mundo, absorbiendo simultáneamente de los dos. Esta es tu clave para revelar la paz y eliminar el sufrimiento. ¿Ves qué fácil es? Una vez que aprendas este sencillo proceso en dos pasos, podrás crear paz y armonía vayas donde vayas y hagas lo que hagas. Podrás mejorar tus relaciones así como tu salud física y emocional, tu economía, rendimiento deportivo y búsquedas espirituales; incluso podrás ayudar a otros a hacer lo mismo. ¿Te parece increíble? Sencillamente sin hacer Nada activas oleadas curativas de cambio que no sólo crearán ondas en tu propia vida sino por toda la creación. ¿Estás empezando a ver el poder y el potencial de este proceso fluido e inocente? (Nota del autor: está más allá del espíritu y del alcance de este libro aventurarse demasiado en el fascinante estudio del funcionamiento de la vida y del vivir. Pero si te interesa profundizar más en esas y otras ideas parecidas, consulta *Beyond Happiness: How You Can Fulfill Your Deepest Desire*, de este mismo autor).

Creo que ya he hablado bastante sobre el ego, la paz y la Nada. Es hora de que te ofrezca la oportunidad de experimentar la Nada, de manera que lo que llevo escrito hasta ahora tenga algún sentido para ti. En realidad, no experimentarás la Nada. Como la mente sólo puede conocer formas como «pensamiento» y «emoción», y traducir lo que los sentidos captan del mundo exterior, ésta no puede experimentar directamente la Nada. La mente necesita una estructura a la que aferrarse. La Nada es informe y como verás (en realidad no lo verás), la Nada carece de cualquier experiencia. Así que vamos a ello, ¿te parece?

Capítulo 3

La Consciencia pura

... todos los sitios son el centro del mundo.

ALCE NEGRO

Nadie que haya visto a Dios está vivo.
Para ver a Dios hemos de ser inexistentes.

HAZRAT INAYAT KHAN

¿Alguna vez te has preguntado qué hay en el fondo de tu mente? Si pudieras utilizar la fuente de tus pensamientos, ¿crees que mejoraría tu vida sexual, tu salud, tu capacidad para amar y vivir libre de preocupaciones? ¿De dónde proceden tus pensamientos, y cuál es el posible impacto que ese conocimiento produce en tu vida práctica y cotidiana? Vamos a tomarnos unos minutos para profundizar en esas preguntas y ver adónde nos conducen.

Resulta que destapar la fuente de tus pensamientos tiene una influencia total y absolutamente positiva en tus relaciones personales, éxitos económicos, en tu forma física y emocional, e incluso en tu vida amorosa. Es cuestión de desatar los vínculos entre energía y materia y ver qué hay más allá. Todas las cosas son formas de energía. Por ejemplo, la silla en la que puede que estés sentado cuenta con la energía suficiente como para suspender tu trasero medio metro por encima del suelo durante un período de tiempo indefinido. Los pensamientos son energía mental, chispas del espíritu, que prenden la mente y todo lo que ésta toca.

¿Cómo lo sabemos? Cualquier cosa creada —y eso incluye los pensamientos— tiene dos cualidades. Es tanto energía como forma. Por ejemplo, la silla en la que te sientas es energía en forma de silla. Sabes que tiene energía porque te sostiene. A la energía en esa forma hemos decidido llamarla «silla», ¿verdad? Podrías decir que tu silla tiene «capacidad de aguantar», por ejemplo, y eso nos llevaría a todo tipo de cuestiones interesantes, pero al final, la llamemos como la llamemos, la silla sigue siendo una energía concreta con una forma concreta.

Los pensamientos no son tan sólidos como las sillas o los pelos de los osos polares, pero existen y por lo tanto tienen forma y energía. Y al ser cosas creadas, los pensamientos proceden de alguna parte. En realidad, ese lugar no está en ningún sitio. Es decir, el origen de los pensamientos es el mismo que el de todas las cosas creadas que hemos mencionado anteriormente. El pensamiento procede del orden implicado de Bohm, el «vacío», la Nada.

Me gustaría tomar prestada una analogía del Maharishi Mahesh Yogi y comparar la mente con un estanque. Un pensamiento sería como una burbuja que se elevase desde el fondo del estanque, expandiéndose hasta explotar en la superficie. La superficie del estanque se asemeja al nivel consciente de la mente, donde nos hacemos conscientes del pensamiento. El fondo del estanque, de donde proceden las burbujas, se asemeja a la Nada que origina todas las cosas creadas.

Lo mismo que las burbujas ascienden hacia la superficie de un estanque, los pensamientos se expanden, dispersando su energía y debilitándose en la subida. Cuando más se aleja un pensamiento de su fuente, más agota su energía. El pensamiento es el precursor de la acción. Así pues, resulta fácil ver que un pensamiento débil conduce a una acción débil e ineficaz. Si seguimos el hilo, no nos costará mucho darnos cuenta de que si podemos hacernos conscientes de un pensamiento más cerca de su origen, entonces podemos beneficiarnos de un pensamiento más energético y menos distorsionado. Todos podemos aprovecharnos de esto.

Déjame que te pregunte lo siguiente: ¿Alguna vez te has quedado sin pensamientos? Eso me parecía. De los pensamientos podemos decir con seguridad que están presentes desde nuestra primera respiración hasta la última. Si los pensamientos son energía, y si nunca se agotan, entonces es razonable considerar que la fuente del pensamiento es un suministro de energía inagotable. También podríamos sacar de todo ello la conclusión de que podríamos beneficiarnos mucho en caso de que pudiéramos aprovechar directamente nuestra fuente de pensamientos. Desde luego, no soy el primero en observarlo. Los sabios llevan siglos intentando que nos interesemos en este ejercicio. De ser posible, todos los aspectos de nuestra vida se verían maravillosamente transformados. ¡Agarraos bien porque es posible!

Ahora bien, podemos reírnos y burlarnos de teorías abstractas y filosofías raras hasta que se nos ponga la cara morada, pero eso no hace sino reforzar o debilitar las creencias. La experiencia es la madre de la ciencia. Mi tarea consiste en que tú obtengas esa experiencia. Así que empecemos.

Siéntate cómodamente y cierra los ojos. A continuación, pon atención a tus pensamientos. Síguelos allá donde te lleven. Limítate a observar cómo van y vienen. Tras haber observado tus pensamientos entre 5 y 10 segundos, hazte a ti mismo esta pregunta y luego permanece muy atento para comprobar qué sucede justo después de haber formulado la pregunta. Esta es: «¿De dónde vendrá mi próximo pensamiento?».

¿Qué ha pasado? ¿Se ha producido una pequeña pausa en tu pensamiento mientras esperabas el siguiente? ¿Te has fijado en el espacio, en una especie de intervalo entre la pregunta y el siguiente pensamiento? Bien. Ahora vuelve a leer las instrucciones y vuelve a hacer el ejercicio. Esperaré...

¿Has notado ahora un ligero titubeo en tu pensamiento, una pausa entre pensamientos? Si has estado atento inmediatamente después de hacerte la pregunta, deberías haber observado que tu mente esperaba que sucediese algo. El autor de *El poder del ahora*, Ekhart Tolle dice que es como un gato acechando el agujero de un ratón. Estás despierto, esperando, pero en ese intervalo no existen pensamientos. Puede que hayas oído decir que limpiar la mente de pensamientos requiere de muchos años de ardua práctica, pero tú acabas de hacerlo en cuestión de segundos.

Por favor, realiza este ejercicio varias veces más. Hazlo durante 2 o 3 minutos más, volviendo a hacerte la pregunta original o bien utiliza sustitutos, del tipo: «¿De qué color será mi próximo pensamiento?», o: «¿A qué olerá mi próximo pensamiento?». La pregunta no es lo importante, sino permanecer atento. Observa de cerca el intervalo cuando se produzca. La atención descubrirá el intervalo, el espacio entre pensamientos. Ese intervalo es el origen del pensamiento. Puede ser fugaz, pero no por eso deja de aparecer. Al irte haciendo consciente de manera asidua de esa pausa mental, ésta empezará a obrar milagros en ti.

Muy bien, ahora cierra los ojos y realiza el ejercicio de «detener el pensamiento» durante 2 o 3 minutos. Esperaré...

¿Has acabado? Bien. ¿Cómo te sientes ahora mismo? ¿Notas algún tipo de relajación corporal? ¿Están los pensamientos más sosegados? ¿Sientes tranquilidad o paz? ¿Cómo ha sucedido algo así? Lo único que has hecho ha sido observar el intervalo entre pensamientos y automáticamente, sin esfuerzo, tu cuerpo se ha relajado y tu mente se ha sosegado. Eso es lo que ocurre cuando empiezas a funcionar y a vivir en los niveles más tranquilos de la mente. El cuerpo y la mente están íntimamente relacionados, y cuando la mente deja de pensar con tanta intensidad, el cuerpo se relaja y descansa. Ya sabes cómo conseguir que el cuerpo se tense y se ponga rígido, no tienes más que estresarte mentalmente. Cuello y hombros rígidos, dolores de cabeza, problemas digestivos, estreñimiento e hipertensión son dolencias físicas que resultan de una mente caótica y agitada. Acabas de descubrir cómo combatir el problema del estrés mental, emocional y físico en tres minutos. Algo notable, ¿no te parece? No es más que la punta del iceberg del QE, pero con este sencillo ejercicio puedes empezar a sentir el potencial de lo que puede ser abrazar la Nada.

Ahora, permíteme que te pregunte lo siguiente: «Cuando observabas el intervalo entre los pensamientos, ¿te preocupaba tener que pagar las facturas, preparar la cena o recordar el cumpleaños de tu esposa?». Desde luego que no. Tu mente estaba totalmente tranquila y liberada de preocupaciones. Es imposible ser totalmente consciente de la Nada y sentir miedo, ansiedad, remordimiento, culpabilidad o cualquier otra emoción discordante o destructiva. Si sólo te limitases a aprender esta lección tan convincente, serías capaz de modificar enormemente el curso de tu vida, dirigiéndote hacia un universo de mayor prosperidad, creatividad y amor. Pero es que hay mucho más.

Continuemos descubriendo qué otras perlas de percepción nos esperan a partir de este ejercicio tan revelador. En primer lugar, explícame qué había en el intervalo. ¿Qué has dicho? Un poco más alto, por favor... Ah, has dicho: «Nada». Así es, en el intervalo no había nada. No había forma, sonido, color, olor... ¡Nada! O bien podemos decir que en el intervalo había Nada, y también sería correcto. ¿Empiezas a percatarte de la magnitud de este simple descubrimiento?

Aquellos de vosotros que pensáis que sois vuestros pensamientos y emociones, vuestros recuerdos, esperanzas y temores, tal vez empecéis a vislumbrar otra cosa. Los pensamientos y emociones van y vienen. Son relativos y momentáneos. Tú, tu esencia es mucho más de lo que tu mente pudiera imaginar, y así acabas de demostrarlo.

¿Dejaste de existir cuando tu pensamiento se detuvo? ¿Entraste en coma o pasaste a un estado de inconsciencia? Desde luego que no. Seguiste ahí, ¿verdad que sí? Bien, si resulta que no eres tus pensamientos y que seguías ahí, ¿entonces, quién eres? Esa parece ser la pregunta adecuada, ¿no te parece? Si no sabes quién eres, todo lo que hagas carecerá de base, de fundamento. Pasas a convertirte en una persona con amnesia que intenta vivir su vida pero que en realidad no sabe quién es. Para plantarte con firmeza en los fundamentos de la vida, has de saber quién eres. Y puedo garantizarte que por encima de todo no eres una persona con pasado y futuro. Te sorprenderá descubrir que de hecho, eres ilimitado y que lo eres más allá del tiempo y de los problemas.

Observemos más de cerca para comprobar cómo es eso de que estás más allá del tiempo y los problemas. En el intervalo entre pensamientos no había Nada. Pero tú seguías estando consciente. Observabas mientras los pensamientos desaparecían y eran sustituidos por el intervalo. ¿Pero quién observaba el intervalo?

Veamos. Allí había Nada, pero tú seguías consciente. No había nada excepto consciencia. No consciencia de algo sino una consciencia pura de Nada. ¿Lo entiendes? ¿Ves hacia dónde vamos? Si no había nada excepto consciencia pura, entonces tú, necesariamente, debes ser esa consciencia pura. ¿Qué otra cosa podrías ser?

Si tu consciencia se identifica con tus pensamientos, recuerdos y planes de futuro, te estarás refiriendo al «yo». El «yo» son las «cosas» recordadas de tu vida. El «yo» es tu edad, sexo, tus gustos y preferencias, tus recuerdos. Pero nada de eso existe en el momento en que tu consciencia mira hacia dentro y observa el intervalo entre los pensamientos. Para observar has de ser consciente, ¿verdad? Así pues, en ese momento en que tu mente desconectó, fuiste consciente de la nada que llamamos Nada. Pero descubriste que esa Nada no estaba vacía. La Nada está llena de consciencia pura. Y ahora has resuelto el misterio de quién eres. *¡Eres consciencia pura!*

¿Te parece imposible? Es un hecho incuestionable. Tu percepción directa ha revelado que eres consciencia pura. Así es. Antes de que el «yo» naciese y se convirtiese en la imagen que reconoces como tú mismo, existía la Nada solitaria y universal de consciencia pura. Detente y analiza la profundidad de esta realización durante un instante... Esperaré.

¿Te asombra tu propia inmensidad? ¿Sientes tu propia naturaleza ilimitada y omnipresente? Resulta liberador, ¿a que sí?

Reflexionemos sobre esto un poco más. Recuerda un momento de tu infancia. A continuación, detente para observar un momento de tu adolescencia, de tu joven adultez y del presente. En cada etapa de tu vida has tenido distintos gustos, deseos y objetivos. Tu cuerpo, mente y emociones también cambiaron. De hecho, Nada siguió siendo igual. ¿Qué es lo que ha permanecido inalterado desde la infancia hasta la adultez? Tu consciencia. En cada etapa de tu vida —no, en cada segundo de tu vida—, mientras tu cuerpo-mente estaba ocupado en convertirse en lo que es hoy, tú, la consciencia pura, permanecías en vigilia silenciosa, como un testigo atemporal.

Gracias al ejercicio de «detener el pensamiento» has sido capaz de «entrar», por así decirlo, y observarte el pensamiento. Luego, mientras esperabas («como un gato acechando el agujero de un ratón»), observaste el intervalo entre los pensamientos. Reconociste que el intervalo era consciencia pura y que esa consciencia pura es tu esencia ilimitada: la base sobre la que se asienta la parte «yo» de ti. Si tú, que eres consciencia pura, eres realmente ilimitado, en ese caso no estás limitado por la mente. Tú, consciencia pura, deberías estar en todas partes, todo el tiempo, ¿no es cierto? Pues resulta que es así, y este que viene a continuación es un pequeño ejercicio que puede ayudarte a demostrárselo a tu «yo».

El ejercicio de mano a mano

Mantén las manos completamente extendidas hacia fuera y hacia los costados, de manera que adoptes la forma de una cruz humana. Mira el dorso de tu mano derecha. Obsérvalo entre 3 y 5 segundos. Ahora gira la cabeza hacia la izquierda para observar el dorso de tu mano izquierda. A continuación, dime qué tenías en mente durante el tiempo en que tus ojos pasaban de la mano derecha a la izquierda. Nada, ¿verdad? Pero no estabas inconsciente durante esos momentos, ¿a que no? Desde luego que no. Se produjo un intervalo en tu pensamiento mientras tu mirada pasaba de una mano a otra, pero tu consciencia permaneció conectada. Hazlo otra vez. ¡Observa! Incluso cuando tu mente mire hacia fuera, hacia el mundo, seguirá encontrando consciencia pura. La consciencia pura siempre subyace a todo, esperando a ser descubierta; esperando a que el «yo» se haga consciente de ti, consciencia pura.

No nos olvidemos de que la consciencia no es un objeto. Eres tú, tu esencia ilimitada. Tu mente no se sentirá capaz de aceptarlo por completo porque no puede concebir la Nada. Debe existir un límite, alguna forma a la que tu mente pueda asirse para poder hacer lo que hacen las mentes: experimentar, registrar, analizar, sintetizar y compartimentar la información. El ego es el que decide qué hacer con esa información. Así que no te preocupes si al principio sigues identificándote con el cuerpo-mente. Es la única opción de la que dispone la mente, y hace falta cierto tiempo para que el ego se aparte y acepte la consciencia pura ilimitada como realidad última y como tu esencia primigenia.

¿Por qué resulta tan vital revelar esta verdad? Cuando llegas a saber que eres inmutable, ilimitado, consciencia eterna, tu dependencia del cuerpo que se marchita y de la mente que falla empieza a perder fuerza. Te vuelves consciente de que estás más allá de la esfera de cambio y muerte. Te vuelves consciente de que, más allá de todas las cosas y pensamientos que es «yo», sigues siendo totalmente íntegro y pura consciencia.

Si sólo unos minutos de observación del intervalo entre los pensamientos te han reportado paz y relajación, imagina qué gozosas aventuras te esperan cuando la consciencia pura infunda tu pensamiento, tu comer, tu trabajar y tu amar. Descubrir la consciencia pura en el fondo de la mente y vibrar exteriormente a través de la simplicidad de los átomos hacia la sinfonía de las esferas es el primer paso para vivir una vida completa y generosa. Extraerla para que apoye y alimente todas tus actividades es el siguiente paso.

Capítulo **4**

Creí pensar el pensamiento que pensé

¡No puedes decir que eres lo que piensas que eres!
Para saber lo que eres, primero debes investigar y saber lo que no eres.

Nisargadatta

Cuando el pensamiento lucha contra los resultados,
intentando evitar esos resultados desagradables mientras
sigue insistiendo en esa forma de pensar,
es lo que denomino «incoherencia sostenida».

David Bohm

En lo tocante a la mente, este intervalo entre pensamientos no es gran cosa. Se trata nada más que de un espacio lleno de silencio, que resulta obvio sólo después de que un pensamiento desaparece y antes de que aparezca el siguiente. Cuando recuerda el experimento, a tu mente no le parece muy interesante. A la mente le encanta el movimiento y la forma. El intervalo carece de las dos. Contiene Nada. Nada significa, bueno, nada para la mente. Pero ese es un grave error. Y ahora diré por qué: todos los pensamientos en la mente proceden de esa nada. Compruébalo tú mismo. Repite el ejercicio de «detener el pensamiento» y observa el intervalo. Automáticamente, y sin ningún esfuerzo por tu parte, el siguiente pensamiento aparece de manera espontánea. Ahí está, luminoso como una mañana... Un pensamiento nuevecito. Si uno se para a pensar en ello lo cierto es que resulta bastante milagroso. Todo nuevo pensamiento es una maravilla de creación y procede de la Nada. Así que la Nada no debe estar vacía. En esa Nada debe haber algo; de otro modo, no podría producir un pensamiento. Interesante, ¿verdad?

Realiza una vez más el ejercicio de «detener el pensamiento» durante aproximadamente un minuto. Esperaré...

Has sido consciente del intervalo, ¿no? Mientras estabas «en el intervalo» no hubo proceso de pensamiento. Luego, al cabo de un rato, los pensamientos volvieron a aparecer, ¿verdad? Ahora bien, mientras estabas en el intervalo, ¿te dijiste: «Eh, estoy «colgado» sin hacer nada. Creo que volveré a pensar»? ¿Y luego decidiste cuál sería el siguiente pensamiento? Pues claro que no. Los pensamientos volvieron a aparecer por su cuenta. Y ese pensamiento podía tratar del intervalo o del bigote de tu tía Emilia. No sabemos qué pensaremos porque no tenemos ningún control sobre la cuestión. Nuestro «yo» egoico se ha arrogado el mérito de pensar desde que somos capaces de recordar. Pero no es cierto. Tienes tanta influencia sobre tu vida —incluyendo los pensamientos, esperanzas, temores y amores— como alguien que esté viendo una película tiene sobre los personajes que aparecen en la pantalla.

Tendrás la misma experiencia «sin control» si llevas a cabo el ejercicio «de mano a mano». Cuando trasladas tu atención del dorso de una mano a la otra, en tu mente sólo se refleja la consciencia pura. Podrías preguntarte: «¿Cómo se dirigieron mis ojos hacia la segunda mano si en mi mente no sucedía nada?», o: «¿Cómo supe cuándo detenerme?». En caso de que creas que el que piensa es el «yo», entonces esas preguntas resultarán inquietantes. También resulta inquietante pensar que la consciencia pura controla porque eso sitúa a tu ego totalmente fuera de la película.

El «yo» no produce pensamiento. No pensamos pensamientos. Los pensamientos acuden espontáneamente procedentes de la consciencia pura. El ego no produce pensamientos, pero se los atribuye. Un pensamiento aparece sin armar escándalo. Nace del silencio y se traslada suavemente por las tranquilas profundidades de la mente. Si nos volvemos conscientes de un pensamiento en el momento en que nace, entonces lo apreciaremos como una creación de consciencia pura. Si nuestra consciencia está anclada de cara al exterior, hacia el tumulto de la existencia sensorial, entonces pasará por alto la creación de esta delicada chispa de vida. Una mente así de distraída recoge el pensamiento ya muy lejos de la serenidad que le diera vida. Esa mente, cuando se vuelve consciente del pensamiento, sólo aprecia su forma activa y agitada. Esa mente siempre se esfuerza por controlar sus deseos enrevesados y continuos, sin hallar reposo. La consciencia de un pensamiento en su concepción tiene lugar en una mente confiada y tranquila, totalmente relajada en su papel de testigo de la creación.

Cuanto más alejado de su concepción vemos un pensamiento, más débil y distorsionado se vuelve y en más problemas se mete. Cualquier pensamiento errático nos implora que miremos hacia dentro y nos hagamos conscientes de la autonomía del pensamiento en su punto de origen. Hemos sido perezosos en esta cuestión y nos ha pillado desprevenidos. No hay más que mirar a nuestro alrededor, al estado actual de nuestro mundo, para darnos cuenta de que no vivimos, ni de lejos, de acuerdo a nuestro potencial. Los síntomas de la vida egocéntrica son avasalladores y acabarán con nosotros. Nuestra única salvación radica, por así decirlo, en superar la autoría del pensamiento. Al conseguirlo, estaremos cediendo la carga del pensar, y de todo lo que lleva aparejado, a la consciencia pura.

Ya sé que esta idea de no controlar el propio pensamiento resulta algo difícil de aceptar, pero una vez que seas capaz de abandonar esa creencia, tendrás la sensación de que te han quitado un enorme peso de encima. Me gusta pasar unos minutos analizando esa posibilidad en profundidad. Me gustaría que vieses tú mismo la hermosa y simple realización de la vida más allá del esfuerzo o el control. La mayoría de nosotros sentimos que hemos logrado controlar el pensamiento. Es decir, podemos elegir y dirigir nuestro pensamiento según nuestra voluntad. Se trata de una gran ilusión, conservada fácilmente gracias al ego, que observa el enorme volumen de pensamientos y se dice: «Son todos míos. No tengo que demostrarlo porque todo el mundo sabe que es así». Si de verdad fueses el amo de todos tus pensamientos, deberías poder controlar aunque sólo fuese uno, ¿o no? Vamos a ver.

Estés donde estés en este momento, piensa únicamente un pensamiento por minuto. Eso es, durante todo un minuto, y elimina el resto de pensamientos aparte del que has elegido. Por ejemplo, piensa el pensamiento «árbol» durante 60 segundos. ¿Has sido capaz, sin esfuerzo, de mantener la mente quieta en este único pensamiento sin divagar? Probablemente no has podido hacerlo porque otro pensamiento se abrió paso al menos durante unos segundos. Ir en contra del flujo natural del pensamiento requiere un gran esfuerzo por parte de la consciencia pura. ¿Te has fijado con qué facilidad se abrieron paso otros pensamientos en tu consciencia? En este caso, luchar es señal de que nadamos a contracorriente, contra el flujo natural de la vida. Pero nos han enseñado otra cosa. ¿Cómo podemos saber cuándo fluimos y cuándo creamos disonancia? Analicemos esa pregunta con más detenimiento.

Empecemos por el principio. Carecemos de control sobre quiénes somos. Carecemos de control sobre quiénes fueron nuestros padres, ni sobre qué esperma fecundó los óvulos de nuestra madre. ¿Acaso supervisamos la construcción de nuestros cuerpos mientras el milagro que somos se iba desarrollando célula a célula? ¿Pudimos, en el momento del nacimiento, elegir las fuerzas ambientales, la atmósfera (tanto física como emocional), la comida con la que nos alimentaron, a nuestros hermanos, y demás cosas que dieron forma a ese «yo» recién nacido? Lo cierto es que hemos estado a merced de nuestro diseño genético y de fuerzas medioambientales únicas que nos han modelado y templado, convirtiéndonos en los individuos que somos en la actualidad.

Si adoptamos una perspectiva más amplia, podemos ver que somos reflexivamente reactivos. Incluso nuestros pensamientos actuales son una reacción a otros pensamientos, condiciones y estímulos, que los han precedido. Contemplar la solución de un problema complejo sigue siendo únicamente reaccionar a una línea de pensamiento previa con otro pensamiento. La manera en que reaccionamos depende por completo de nuestra disposición genética y de la huella ambiental. Si yo tuviese exactamente los mismos genes y estructura ambiental que tú, entonces sería tú. No tendría más remedio, ¿no te parece? Sería tú de todas todas. Y debería actuar y reaccionar como tú. ¿Dónde estaría entonces mi posibilidad de elegir ser distinto? Ya ves que carecemos de ese control que creíamos poseer. Es una gran ilusión que alimenta al ego y nos mantiene encadenados a la «rueda del karma» de causa y efecto.

Karl Renz, en su libro *The Myth of Enlightenment*, lo expresa de esta manera: «Basta con ver que cualquier contribución que hayas hecho siempre sucedió por sí sola. Actuó por su cuenta y no precisó de tu decisión. Temes que sin tu decisión, nada hubiera sucedido, pero justamente es así». Y sigue diciendo: «Nada depende de ti... Cualquier idea es espontánea, toda decisión aparente surge de la nada, caída del cielo, del gran más allá».

Analicémoslo desde otro ángulo. ¿Cuándo te ha salido algo exactamente como lo habías planeado? Y digo *exactamente*, no generalmente. Sí, claro, podrías decir: «Quería una casa nueva y la tengo». Pero te puedo garantizar que esos planes concretos se vieron desbaratados continuamente durante el proceso: cosas como cuentas inesperadas, problemas con el banco, herencias con las que no contábamos, enfermedades y cosas por el estilo. Tu vida *nunca* funciona de la manera que tú la planeas; a veces funciona mejor, y en otras ocasiones, peor.

Digamos que conoces a una persona y deseáis pasar la vida juntos. Basándote en lo que has compartido y aprendido de esa persona, te haces una idea de cómo será vuestra vida juntos, ¿vale? Trazas planes y albergas esperanzas acerca de cómo se desarrollará tu vida a lo largo de los próximos meses, años y décadas. ¿Pero hay alguna relación que haya funcionado, ni de lejos, de la manera en que uno quería o esperaba? Me parece a mí que no. De hecho, si quieres suavizar el difícil camino de las relaciones, lo mejor que puedes hacer es tomártelo con calma y dejar que la relación tome su propio rumbo. Controlar en exceso, obsesionarse con pequeñeces y dar la tabarra constantemente no hace sino empeorar las cosas. Por raro que parezca, lo conseguimos todo al soltar. El esfuerzo y el control son contrarios a la satisfacción y la paz.

Así pues, ¿de qué se trata? ¿Qué tiene de bueno desafiar al ego y establecer un concepto tan extraño como ridículo? Cuando nos damos cuenta y aceptamos que tenemos algo menos de control sobre lo que pensamos y hacemos, comprendemos que la paz empieza a hacerse un hueco en nuestra mente. Todo impulso de querer estar al mando tiene un único objetivo: paz interior. Luchar para mantener el control nos mantiene agitándonos en la superficie de nuestras mentes como alguien que se ahoga en un océano de fuerzas enfrentadas. Paradójicamente, cuando dejamos de luchar y nos entregamos, no nos ahogamos. Es verdad, nos hundimos en las silenciosas profundidades de nuestras mentes oceánicas. Allí, en las quietas profundidades de la completa inmovilidad, nos asombramos al descubrir que todo está permeado de consciencia pura. Allí descubrimos la armonía perfecta desprovista incluso del impulso del esfuerzo. Nisargadatta, uno de mis santos favoritos del siglo XX, describe cómo se liberó del control en su libro *Yo soy eso*. A un buscador que se aproximó a él con el deseo de acabar con la lucha interior, le dijo cariñosamente: «Aunque la mente está centrada en el cuerpo y la conciencia está centrada en la mente, la consciencia es libre. Buscando infatigablemente me vacié, y con esa vaciedad, todo regresó a mí excepto la mente. Me di cuenta de que había perdido la mente irremisiblemente».

Esa es la meta del Quantum Entrainment (QE). El QE entretiene la mente y satisface las necesidades del ego a la vez que le muestra que no se requiere esfuerzo para obtener lo que ansiamos. De hecho, el esfuerzo dificulta cualquier tarea. Es un obstáculo para el flujo externo de creatividad y el conocimiento interior de la paz personal. Con el tiempo, al ir jugando con las posibilidades infinitas del QE, la lección del «sin esfuerzo» se va integrando lentamente en el pensamiento, los actos y las interacciones con los que nos rodean.

Cuando empezamos a vivir liberados del deseo de controlar, no sólo alcanzamos la paz interior, la meta de cualquier deseo, sino que externamente nos vemos recompensados de un modo que desafía el pensamiento convencional. Cuando empieza a desaparecer el deseo de cosas, se nos ofrecen esas mismas cosas sin pedirlas y sin esfuerzo por nuestra parte. Esos dones no se han buscado, y eso aumenta la alegría de recibirlos. También alienta la humildad y una sensación de asombro a propósito de la perfecta armonía de la consciencia pura y sus manifestaciones. Cualquier idea de control está fuera de lugar, igual que una fiesta estudiantil en un monasterio.

El siguiente es un extracto de *Beyond Happiness:*

Preguntar por qué las cosas son como son refleja un deseo de ver más allá de nuestra propia vida, y de conocer la mente primordial y la estructura última del universo. De alguna manera sentimos que si pudiéramos comprender la mente cósmica, comprenderíamos la nuestra. A partir de ahí sería muy fácil enmendar los errores de nuestra vida y empezar a vivir en paz y armonía. Aunque se trata de una noble empresa, es totalmente estéril y no hace sino aumentar la influencia del ego, nacida de la necesidad de ir recogiendo los pedazos suficientes para acabar componiendo un todo. Pero no hay necesidad de hacer eso. Me viene a la mente la frase: «Si no está roto, no lo arregles». Si nos sentimos incompletos, probamos y solucionamos el problema percibido. El universo se ríe de nosotros, la especie pensante. Es precisamente el pensamiento de que no somos íntegros lo que nos hace sentir que no lo somos. Cuando soltamos ese pensamiento, inmediatamente comprendemos que todo es como debe ser. Ya eres íntegro, ya estás entero, pero no porque yo lo diga, sino porque es un hecho. ¿Como podría cualquier parte del Todo no ser íntegra? ¿Qué te parece más probable: que seas un producto incompleto de un Creador completo o que simplemente no te has dado cuenta de tu conexión con esa Totalidad ilimitada? No hay que contestar ningún por qué ni ningún cómo. Todo en este hermoso y amplio universo es lo que es, porque así es, y nada más. No hay discusión posible acerca de lo que es. ¿Cómo puedes afirmar que lo que es, no es? ¿Te has metido la paz en el bolsillo para así poder tener las dos manos libres para rebuscar entre pensamientos y cosas en busca de paz? Lo único que se interpone entre tú y la paz es el pensamiento de que hay que arreglar la vida. Acepta que la vida es lo que es y abandona la lucha por convertirla en otra cosa. Lo que ocupará el lugar de la lucha es la paz. Así es. Fin del tema. Fin del sufrimiento.

Comprender que el pensamiento está más allá de la influencia del «yo» es rendirse a lo que es. Esta rendición, esta entrega, requiere ser consciente de la consciencia pura, y permitir que esa consciencia pura tenga el control. En realidad, no es del todo cierto. La consciencia pura, por su naturaleza, no puede controlar. Hemos estado hablando de los dos mundos: la consciencia pura y absoluta, y el resto de la creación. En realidad, sólo existe una consciencia pura inmóvil, indivisible, completa, que aparece como multiplicidad. No podemos darle nada a la consciencia pura. La consciencia pura es. Está en todas partes todo el tiempo y, por lo tanto, no podemos quitar ni agregar nada. A causa de las limitaciones del lenguaje, haremos como que salimos de ella, como si la consciencia pura pudiera separarse de nuestras mentes. Eso sólo fomentaría la ilusión de mirar hacia dentro para sanar externamente, que no está mal, pues esas son las reglas del juego. Practicando QE no tardaremos en aprender a dividirnos a nosotros mismos, con una mitad jugando mientras la otra observa tranquila. Con el tiempo, ambas mitades se juntarán y sanarán en total consciencia, y la vida será a la vez mundana y sobrecogedora. En la palma de nuestra mano, una piedra corriente cantará el canto de sirena de una paz profunda y duradera. Entonces nuestro mundo será impecable, sin mácula, y seremos por fin libres.

Capítulo 5

Llegar a conocer tu Ser

Eso que llaman el Camino... ¿Dónde existe?

Tung-kuo Tzu

*Toda verdad atraviesa tres etapas.
Primera, es ridiculizada. Segunda, es confrontada violentamente.
Tercera, es aceptada como algo obvio.

Arthur Schopenhauer

Sócrates, según muchos relatos, era un tipo bastante agudo. Se le atribuye el dicho: «Conoce al Ser». Muchos de mis profesores lo tradujeron como: «Conócete a ti mismo». Ese es el ser pequeño del id, el ego y el superego, el «yo» que mencionamos antes, el que colecciona niños, una hipoteca y un plan de pensiones. Pero ese no es el que nos ocupa hoy, pues el asunto que nos ocupa es más importante. Vamos a descubrir nuestro gran Sí-mismo, nuestro Ser con mayúsculas, y descubrir cuál es su lugar en el Universo. Os preguntaréis por qué iba a interesarnos algo así. ¿Por qué le pareció tan importante a Sócrates? ¿Qué posibles beneficios nos reportará hacernos amigos íntimos de nuestro Ser con mayúsculas? Y sea como fuere, ¿qué demonios es nuestro Ser? Vamos a verlo.

Si nuestra mente egoísta no crea el pensamiento, y la consciencia pura no crea el pensamiento, entonces ¿quién lo hace? Ese sería nuestro Ser. Nuestro Ser es único en toda la creación. Tiene un pie en cada mundo: en el mar absoluto de consciencia pura y en las multifraccionadas expresiones del Cosmos creado.

La física cuántica le atribuye varios nombres al Ser. Puede compararse con el punto cero del estado vacío, pero no se debería confundir con el orden implicado. El orden implicado es análogo a la consciencia pura. Si tienes interés en profundizar en esto, te animo a que investigues un poco por tu cuenta, pues no le dedicaremos más tiempo a este fascinante, aunque demasiado extenso, tema. La cuestión es que tanto el Ser como la consciencia pura han sido reconocidos teóricamente por la física cuántica.

El Ser también ha sido reconocido por aquellos que miran hacia el interior con la mente: los santos y buscadores de paz interior. Han llamado al Ser con muchos nombres, entre ellos espíritu, chispa divina, Ser superior, fuerza vital y alma. Yo no empleo esas palabras porque se prestan a malentendidos y tienen mucha carga emocional. Conocer tu Ser, como verás bien pronto, es la experiencia más natural, delicada y afectuosa que puede tener un ser humano. No quiero perderme en cuestiones de tipo intelectual o emocional. Nuestro Ser es simple y así será nuestro repaso acerca de él. Y más simple todavía será nuestra experiencia del Ser, a un capítulo de distancia. Ser conscientes de nuestro Ser es el derecho de nacimiento de todos los seres humanos. También me parece que ser conscientes de nuestro Ser es nuestra responsabilidad más importante.

Creo que la mejor forma de llegar a comprender a tu Ser es mediante una analogía. Empezaremos con una versión actualizada de la cueva de Platón. Imagínate sentado en un cine mientras proyectan la película. Estás expectante mientras la película discurre en la enorme pantalla blanca. No reparas en la pantalla porque estás concentrado en los personajes, el paisaje, la trama, metido de lleno en la experiencia. Cuando te sumerjes por completo en la intriga de la historia, te vuelves menos consciente de tu entorno. Y así debe ser. Después de todo, por eso es por lo que vamos al cine, para alejarnos de la «realidad» de nuestras vidas cotidianas.

Pero si te pidiese que apartases tu atención de la película, podrías ser consciente de la multitud de cosas que te rodean en la sala. Podrías ser consciente de una tos en la fila de atrás, del masticar, sorber y susurrar de tus vecinos de al lado, así como de otros muchos estímulos, como la firmeza del asiento, la temperatura de la sala, etc. Pero por ahora me gustaría que te concentrases en objetos menos comunes.

Cuando llegas antes de que empiece la película, te fijas sin duda en el enorme tamaño de la pantalla blanca, un mudo testigo del asombroso entretenimiento que nos aguarda. En cuanto comienza la película, la pantalla pasa al olvido, y ahora adquiere importancia el juego de luces y sombras que se desarrolla en ella. Si te sientas en las dos primeras filas y no dejas que tu vista siga los movimientos de tu héroe favorito mientras rueda por el suelo para evitar que le despachen las balas del Uzi del malo, te darás cuenta de que la pantalla sigue ahí, por detrás de las escenas, apoyando en silencio los esfuerzos de tu héroe. Sin ella, la película se perdería en la inmensidad del espacio.

A continuación, acaba con la convención, date la vuelta y mira el pequeño agujero cuadrado que hay en la pared opuesta de la sala. Allí verás un blanco rayo de luz, a veces teñido de tonos azules y negros, que se retuerce y mueve con rapidez en

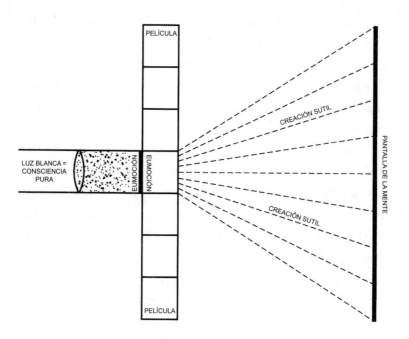

su camino hacia la pantalla de enfrente. Si estás bien situado verás la lente del proyector y por detrás de la misma, la pura y luminosa luz que da vida a la película.

Obviamente, la proyección de la película en la pantalla simboliza la comedia y el drama de tu propio mundo cotidiano. La pantalla vacía en la que se proyecta la película representa la pantalla de consciencia pura tal y como la experimentas como cuando detuviste tu pensamiento hace un rato. Detener tu pensamiento es comparable a detener la película y dejar que la luz blanca caiga sobre la pantalla vacía. La pantalla representa el reflejo de la consciencia pura en la mente. Yo llamo consciencia a cuando la pura presencia se refleja en la mente. Si siempre has entrado en el cine después de que empezase la película y nunca has visto la pantalla vacía, te será casi imposible descubrirla bajo las formas de color y en movimiento que se proyectan en ella.

Ahora date la vuelta de nuevo para mirar la luz cuando ésta sale de la pared de atrás. El rayo de luz que se retuerce y mueve con rapidez representa los niveles más perfeccionados de creación más allá de lo sensorial. Esta luz representa las ondas, partículas, átomos y moléculas que acaban tejiendo su camino y dando forma a lo que ocurre en la superficie de la pantalla.

Emanando del proyector, y antes de que pase a través de la película, está la luz blanca «hecha a sí misma». Esta luz blanca que pasa a través de la película proyectando las imágenes en la pantalla es lo que hace posible el espectáculo. No podemos ser conscientes de la pantalla en sí misma sin reflejar luz blanca. La creación de la película depende únicamente de esta luz blanca. La luz blanca representa consciencia pura ilimitada.

Cuando la luz blanca pasa a través de la película, aparentemente cambia, transformándose en color, luz y sombra. Digo que aparentemente porque sigue siendo luz pero a la vista le parece otra cosa. La luz blanca refractada sigue siendo esencialmente luz. Esta analogía nos ayudará a comprender mejor cómo se manifiesta la consciencia pura en todas las cosas que nos rodean y que parecen ser casas, montañas, amigos y familiares. Una montaña está constituida por moléculas, átomos, partículas subatómicas y ondas, que son refracciones del orden implicado de la consciencia pura. La luz blanca es a la película lo que la consciencia pura es a todas las cosas creadas. Es su esencia, su núcleo, sin el que desaparecería en el vacío de la Nada.

En el punto en que la luz blanca del proyector entra en contacto con la película es donde tiene lugar esta aparente transformación. De la misma manera que si metemos un lápiz en un vaso medio lleno de agua parece doblarse, también la luz blanca del proyector atraviesa la película, adoptando cualidades vibratorias alteradas. En el punto exacto de la transformación, tiene lugar un hecho más bien milagroso. La luz blanca y su manifestación colorida se mantienen en suspenso. No son ni blancas ni de color. Y las dos suceden a la vez, al mismo tiempo. Igual que en el movimiento arriba y abajo de un niño en un columpio, donde hay un momento en que ni baja ni sube, sino que se encuentra suspendido, inmóvil en el aire. Ese es el poder rejuvenecedor de la inmovilidad que conocemos entre cada latido y cada respiración. La luz blanca entra en esta esfera de inmovilidad y sale de ella convertida en color. Ahí es donde tiene lugar la creación: entra la consciencia pura y el primer impulso de vida creada. Esa es la esfera del Ser.

Este reflejo de presencia en la mente se llama consciencia o consciencia concentrada. El rayo de luz parpadeante que la luz blanca crea al pasar a través de la película en su camino hacia la pantalla sería análogo a la consciencia. La consciencia es siempre cambiante pero fundamentalmente es luz blanca. La consciencia orientada hacia el exterior está dirigida por el ego. Se apodera de pensamientos y actos por igual. Es agitada y rara vez está satisfecha. Es como el rayo de una linterna, y el ego es la mano que lo sostiene. Resplandece sobre todas las cosas del mundo pero no llega a darse cuenta de que sin la luz de la consciencia pura de la que está hecho, la consciencia no puede apreciar por completo la naturaleza eterna de un capullo de rosa o de un arroyo. La consciencia busca la Presencia, la Consciencia Pura, en las cosas y pensamientos del mundo relativo. Es como el hombre de la canción de Waylon Jennings, que «busca amor en todos los sitios equivocados».

Toda la belleza, variedad y asombro por el mundo quedan salpicados en la pantalla de tu mente mientras la consciencia parpadea hacia fuera. Pero cuando tu mente consciente regresa a sí misma, como hizo en el ejercicio de «parar los pensamientos», percibe su verdadera naturaleza como pura consciencia. Eso sería como si una linterna manejada por el ego iluminase un espejo. La verdadera naturaleza de tu consciencia, la deslumbrante luminosidad de la consciencia pura podría apreciarse en su belleza desnuda sin la distracción de la forma.

A nuestras mentes les resulta imposible comprender tanto la consciencia pura como nuestro Ser. Una idea es en realidad una reverberación vacía de la verdad del Ser. Pero por el momento hemos de contentarnos con esta choza de paja que la mente ha levantado. En resumidas cuentas, no importa qué es lo que pensamos sobre el Ser, pues es la experiencia de esa presencia única y universal la que abrirá nuestras mentes y corazones a la sanación y la armonía en nuestras vidas.

Antes de que continuemos y experimentemos nuestro Ser, me gustaría investigar un poco más acerca de qué es el Ser. El Ser no se parece a ninguna otra cosa en la creación. Es la única manifestación totalmente inofensiva y absolutamente enriquecedora. Para mi mente, la palabra perfecta para Ser es Madre: amor ilimitado, sabiduría y apoyo. La Madre del Ser está siempre ahí para apoyarte y orientarte incluso cuando tu atención se dirige a cuestiones más mundanas, relativas a la vida cotidiana. Ella ha creado este vasto mundo para que tú juegues en él. Ella observa, te ve crecer, no en cuerpo y mente, sino en consciencia. Está esperando a que dejes los juguetes para ir al encuentro de su benevolente sonrisa y la mirada chispeante que te observa. Está esperando para acogerte en los brazos de la consciencia pura.

Eres el hijo de tu Ser cuando estás perdido en el mundo. Pero en el momento en que eres consciente de tu Ser, te conviertes en el Ser. Regresas al vientre de la Madre y vuelves a nacer a la imperecedera consciencia del amor puro, la paz y la alegría. Tu responsabilidad es «conocer tu Ser» y liberarte de los grilletes de la vida externa. Libre de las restricciones de tu mente egoica, la consciencia del Ser ilumina la vida. De hecho, tus pies apenas tocan el suelo.

Otra palabra para la consciencia del Ser es «iluminación», pero también en este caso me planteo si debo emplear esa palabra porque se ha explicado de tantas maneras distintas por tantas enseñanzas diferentes y está tan cargada de emociones conflictivas que apenas la empleo. Mi intención es definir con claridad la consciencia de Ser y qué es vivir consciencia de Ser, de manera que no pueda malinterpretarse nada. ¿Por qué insisto en una definición tan precisa? ¿De qué otra manera sabrías hacia dónde te diriges o siquiera si deseas ir en esa dirección? Además, ser consciente del Ser es la base de una vida productiva y próspera, llena de alegría, y el núcleo alrededor del que gira el Quantum Entrainment (QE). El conocimiento llega en dos paquetes: comprensión y experiencia. Primero, reunimos las piezas para aprender acerca de la consciencia del Ser. Cuando formemos un conjunto comprensible, luego volaremos en las alas de fina gasa de la consciencia del Ser, observando nuestro mundo de cabo a rabo.

Vivir en la consciencia del Ser no es lo que se acostumbra a creer. Escuchamos las palabras de los sabios y da la impresión de que es el paraíso en la tierra. Lo es, pero tendemos a recalcar la palabra «paraíso» y a negar la de «tierra». Tenemos la sensación de que todos nuestros deseos serán inmediatamente colmados. Bien, así es, pero alto, no de la manera que imaginamos. Esto es lo que quiero decir.

Digamos que vives en la ignorancia de tu Ser. Eso te sitúa junto al 99,9% de la raza humana. Ese es el mundo del que intentas huir a causa del dolor y el sufrimiento que sientes. Tu mente sufriente se aparta de las dificultades del mundo y mira hacia la ilusión de la salvación. Y se lanza a comer en demasía, o tiene una actividad física excesiva, o a consumir drogas, o al sexo, la televisión y a cualquier cosa de las miles de diversiones existentes para apartar nuestra consciencia de lo que se nos ha convertido en una cruda realidad. Pero, como bien sabes, esos intentos de desviación no funcionan.

El mundo de ahí fuera no es el problema. Tus problemas no son el problema. La incapacidad de ser consciente de la consciencia pura es el problema, y pronto aprenderás a solucionarlo. ¿Cómo será el mundo una vez que te descubras como ser consciente del Ser? ¿Cómo cambiarás en relación a tu mundo? Creo que te sorprenderá.

Cuando comprendes que la vida tiene su propia mente y que tú sólo vas de copiloto, entonces te relajas, y como prometía el viejo anuncio de los autobuses Greyhound: «Deje que nosotros conduzcamos». Este «nosotros» es en realidad el Ser. De pasajero, el paisaje es el mismo, pero ahora puedes disfrutarlo al máximo, sin preocuparte de encontrar la dirección o quedarte atrapado en un atasco. Estás de vacaciones aunque tengas mucho trabajo en la oficina.

Síntomas de santidad

¿Cómo se actúa cuando se es consciente del Ser? Pues actuarás de la misma forma que antes. Tal vez seas un poco más cariñoso, más amable y tranquilo, pero no esperes convertirte en algo que no eres. Seguirás siendo tú, sólo que más tú. Serás libre para ser realmente tú y no preocuparte por hacer lo que otros creen que deberías hacer. Realizarás (y eso es muy importante) acciones adecuadas y espontáneas. Sí, así es; no puedes equivocarte. Como tu ser es la sede de la creación, sabe cómo funcionan las cosas, e instintivamente actuará en tu propio interés, y en el de los demás. Eso no significa que los demás no puedan estar necesariamente en desacuerdo con tus actos, pero será porque miran a través de la lente distorsionada del ego, por el camino de la conservación de sí mismo. Ven lo que está bien y lo que está mal por todas partes. Y actúan así porque dividen el mundo en pedazos, personas y hechos útiles y perjudiciales. Pero a través de tus ojos conscientes del Ser, tú sólo ves armonía. ¿Cómo, con esa visión, podrías hacer nada mal? El universo no lo permitiría.

Pero asegúrate de no colocar al Ser en un pedestal. No le gusta estar separado del resto de la creación. La creación es del Ser y le gusta su creación. Ya ves, no tenemos que cambiar lo que es; sólo debemos apreciarlo. El sufrimiento empieza cuando intentamos cambiar o negar lo que es. El regalo de tu Ser es la capacidad de ver perfección en el presente mundano.

¿Seremos «santos» cuando seamos conscientes del Ser? La idea que se tiene de la santidad del santo es un tanto inadecuada. Y en primer lugar, todos los santos son conscientes del Ser por definición. Así que cuando eres consciente del Ser, serás santo, tanto si lo sabe alguien más como si no. Lo más probable es que no se sepa.

Quienes son conscientes del Ser no adoptan una forma concreta. Conozco a personas que están asentadas en el Ser y que también son gruñonas, enfermizas y obesas. A los que son conscientes del Ser les encanta comer, hacer el amor, ganar dinero, conducir coches rápidos, hacer chistes y ver la televisión. En definitiva, que son iguales que el que permanece inconsciente, con la sencilla y sucinta diferencia de que aceptan totalmente la vida tal cual es.

Eso significa que la persona no consciente pasará por alto la bendición que significas sólo porque «vas envuelto en papel de estraza y sin lazo». Ya sé que esa descripción rompe con la idea tradicional del sabio benevolente que habla con suavidad y se mueve con lentitud, con la de que tiene una sonrisa angelical, ojos luminosos y cuya manera de hablar es afable y preñada de sabiduría. La mayoría de los santos pasan desapercibidos por la vida porque andamos buscando un ideal, algo que ellos no son. Buscamos la *iluminación* porque creemos que una vez la tengamos, nos elevaremos por encima de las masas apiñadas y agitadas, e iremos a parar exactamente al cielo. Vale, pues no. El santo afable ya era afable antes de ser consciente del Ser. Es una blasfemia pensar en nuestros santos como personas irritables o que se tiran pedos como el resto de la humanidad. El ideal del santo santurrón es otro intento del ego por situar una cosa lejos de nuestras posibilidades, de manera que lo consideremos inalcanzable, o en caso de conseguirlo, que nos hará pasar a formar parte de una clase especial, por encima del resto de los seres humanos. El ego ya tuvo su época de apogeo y ahora le llega la hora de expandirse para aceptar su herencia como testimonio ilimitado de las maravillas de la creación.

Situar a los iluminados por encima de nosotros tiene una desventaja. Es una práctica que frustra al buscador espiritual que intenta emular las acciones de esas almas señeras con la esperanza de convertirse en una de ellas. Los suaves y amables no son diferentes de sus semejantes conscientes del Ser más activos y ruidosos. Pero nos hemos alejado de estos últimos para abrazar el primer tipo como el ideal del iluminado. Ambos tipos, en realidad todo aquel consciente del Ser, actúan conforme a su configuración genética, modelada a través de la influencia de su entorno. Aquellos de nosotros que seguimos luchando con nuestra identidad haríamos bien en recordarlo y abandonar nuestras ideas preconcebidas sobre la iluminación. No por su bien, sino por el nuestro. Créeme, la persona consciente del Ser apenas lo notará.

Ser consciente del Ser es una experiencia humana, nuestro derecho de nacimiento. Debería ser una experiencia común, no del tipo que se coloca en un pedestal más allá del alcance de todos menos de unos pocos dedicados y testarudos aspirantes espirituales. En la próxima década será el alma común la que convertirá esta consciencia del ser en algo frecuente, y no en un producto de algún tipo de dedicación sobrehumana a la lucha por liberarse, sino simple y llanamente siguiendo esa presencia consciente de retorno a su fuente.

El autoconsciente Tony Parsons secunda esta sensación del santo común. En su libro *Invitation to Awaken*, aconseja: «Debemos abandonar todas las ideas preconcebidas que albergamos sobre la iluminación, como la creencia ilusoria de que aporta bondad, gozo y pureza totales. La vida simplemente continúa. De vez en cuando, puedo enfadarme, sentirme ansioso... Cuando la contracción pasa, regreso rápidamente a una aceptación integral en la que desaparece cualquier sensación de separación».

Así pues, ¿qué se siente cuando se es consciente del Ser? Seguirás sintiendo rabia, ansiedad y el resto de las emociones que te convierten en humano. El santo sigue siendo básicamente humano. En realidad, serás más «humano» tras convertirte en el mudo centinela de la creación. Tu cuerpo-mente seguirá limitado por las mismas leyes que antes. Sentirás lo mismo que sentías antes, pero aceptarás esas sensaciones incondicionalmente, como una expresión natural de la vida más allá de tu control.

¿Y qué pasa con el miedo a la muerte? Personalmente todavía no he muerto, así que no puedo describir con certeza cómo es morir. Tampoco ayuda mucho repasar las vidas pasadas. Ese fenómeno se observa con desapego y carece de valor sustancial cuando nos ocupamos de un cuerpo de carne y hueso. Pero me doy cuenta de la manera en que ha cambiado mi percepción desde que me he familiarizado con el Ser. Solía luchar contra la vejez y la enfermedad, y negar mi mortalidad. Pensar en la muerte rara vez resulta reconfortante. A medida que voy envejeciendo y se va haciendo más palpable la realidad de llegar a perder mi cuerpo-mente (y son muchos los que afirman que estoy a medio camino porque están seguros de que ya he perdido la cabeza), observo esos síntomas de envejecimiento con una especie de desapego curioso e incluso de aprecio por un proceso natural que cualquier vida experimenta de manera innata. Cuando les llega la hora, todos los santos sucumben a las leyes que rigen la muerte física. Pero un santo no está apegado a su cuerpo-mente de manera que perderlos le provoque sufrimiento. Es como regresar a casa tras una caminata en un día ventoso y quitarse un abrigo viejo por última vez. Tu presencia, tu consciencia se dirige entonces hacia la calidez de tu morada interior y simplemente te olvidas del abrigo.

Pueden surgir preguntas acerca de lesionarse. Cuando eres consciente del Ser, ¿hay algo que pueda dolerte? Resulta obvio que sentirás dolor *físico*, pero ¿y psicológico? ¿Puedes sentir dolor *psicológico* cuando estás asentado en el Ser?

¿Recuerdas que hemos dicho que los santos siguen siendo humanos? El que es consciente del Ser también carga con la fina envoltura del «yo». Por eso los santos pueden pasar por tipos normales y corrientes para los inconscientes, pues no pueden ver más allá de la envoltura, no pueden ver el alma del santo. En sánscrito –la antigua lengua de los *Vedas*, los libros sagrados de la India que datan de hace 4.000 años–, el término para esta envoltura del «yo» es *laish avidya*. Aunque la esencia del santo sigue siendo elevada, su cuerpo-mente está sometido a las mismas leyes que rigen a los no iniciados. La envoltura del «yo» puede sentirse herida. Puede sentir rabia, tristeza, decepción y demás. Esta envoltura es como una campana de plástico. Cuando es golpeada por las palabras y las acciones del hombre, sus reverberaciones son débiles y apagadas y no pueden despertar las intensas pasiones de venganza, cólera o culpabilidad. Sí, el iluminado puede sentir dolor momentáneo, pero ese dolor queda amortiguado por la manta de gozo que es el Ser. Ningún dolor duradero puede alcanzar las profundidades de un corazón bañado en consciencia pura.

Uno de los participantes de mi taller de Maestría del QE tenía una hermana que era chófer del Dalai Lama. Un día, mientras mantenía abierta la puerta del coche hasta que el Dalai Lama se incorporara, él la miró dulcemente a los ojos.

Le preguntó:

—¿Te gustaría hacerme una pregunta?

—Sí, señor, pero no me está permitido hablar con usted –susurró ella.

—Pero sí puedes hacerme esa pregunta que está en tu corazón –le dijo él, con gentileza.

Entonces ella preguntó:

—¿Se enfada alguna vez?

El Dalai Lama se rió suavemente y dijo:

—Desde luego que sí. Soy humano. Pero el enfadado no me dura mucho tiempo.

La envoltura del «yo» de alguien consciente del Ser puede resultar herida, pero sólo sirve para despertarte momentáneamente a la comprensión de que sigues funcionando a través de un cuerpo-mente que está sometido a todas las leyes, las naturales y las creadas por el ser humano. Sentirás rabia y ansiedad y todo tipo de deseos. Pero sólo son los aromas del vino, y no durarán. Te despiertan a la alegría y la profundidad de lo que es ser completamente humano.

Cuando conoces este mundo como algo perfecto, entonces las palabras hirientes y los actos malvados se reconocen como parte de esa perfección. Esa comprensión ya apacigua el alma e impide la reacción. ¿Cómo es posible alzarse contra la perfección? Cualquier suceso o acto será necesariamente perfecto más allá de nuestra perspectiva individual y limitada. Nos salva de hacer o recibir daño. Nuestros egos están en paz.

¿Cuánto tiempo hace falta para ser consciente del Ser? La respuesta breve es: «Ya eres consciente del Ser. Lo que ocurre es que no te das cuenta». Pero eso no ayuda mucho, e incluso puede llegar a frustrar, así que calmemos la mente y juguemos en el río del tiempo.

Algunas almas saltan a la consciencia del Ser. Se acuestan ignorantes y se levantan despiertas. Ramana Maharshi, al que muchos consideran el mayor santo del siglo XX, se desmayó y pensó que iba a morir. Perdió el conocimiento y cuando recuperó la consciencia, era consciencia ilimitada. Eckhart Tolle cuenta una historia parecida acerca de cómo él, lleno de miedo, se desmayó y despertó liberado del miedo y lleno de gozo. Esos individuos son la excepción más que la regla. La mayoría de las almas conscientes del Ser parece que han tardado cierto tiempo llegar hasta ahí. No sería justo dejarte con la impresión de que la luz interior se enciende instantáneamente para todos nosotros. A diferencia de Tom Bodett, de la serie radiofónica *Motel 6*, no podemos simplemente «dejar la luz encendida para ti». En la mayoría de los casos, la luz de la consciencia del Ser tiene que ver con un interruptor oscurecido que se va iluminando a lo largo del tiempo. He de decir que eso no es sino una ilusión, pero que debemos dirigir a aquellos de nosotros que están atrapados en el mundo en el que «no son ni carne ni pescado», entre una ignorancia total y ser totalmente conscientes del Ser.

Personalmente, yo estuve atrapado en una especie de limbo durante muchos años. Te lo describiré porque tal vez experimentes lo mismo. En realidad, «atrapado» no sería la palabra correcta. Pero todo el tiempo que permaneces en este mundo desierto te sientes atrapado, aunque en realidad te estás volviendo consciente de la presencia pura a pasos agigantados. Lo que quiero decir es lo siguiente.

De joven, confiaba en que si te esforzabas y hacías lo que había que hacer, al final acababas consiguiendo lo que deseabas y disfrutando de los resultados. Estoy hablando de imitar las vidas de los grandes deportistas, de las mentes comerciales, políticas y científicas, de educadores y artistas. Y claro está, al igual que todo el mundo que recorre ese sendero, sufrí frecuentes fracasos y decepciones, y tuve que convencerme continuamente de que otros habían alcanzado la felicidad «para siempre jamás» y que yo también podía hacerlo. Pensaba que mis padres, profesores y amigos no podían estar todos equivocados. De niño quería ser bombero a toda costa. Un día, cuando tenía 5 años, me dieron una vuelta en un coche de bomberos como parte de una celebración. Lo cierto es que íbamos rapidísimos, con la sirena aullando y tocando la campana, y asomé la cabeza por la ventana para sentir el viento en el rostro mientras buscaba un imaginario edificio en llamas. Esa noche, como resultado del viento que me entró en la oreja, tuve el peor dolor de oídos que jamás he sentido, y al día siguiente decidí que en realidad lo que quería ser era granjero, ordeñar vacas y plantar cosas que crecieran lenta y tranquilamente.

Al principio de nuestras vidas atesoramos grandes proyectos: jugador de fútbol profesional, astronauta, actor de cine. Pero al ir haciéndonos mayores descubrimos que todas esas cosas no siempre resultan realistas, así que rebajamos nuestras pretensiones. Cuando engrasamos nuestro revólver y agarramos las alforjas para convertirnos en vaqueros, nos desaniman mentes menos calenturientas y experimentadas, que beben en un profundo depósito de experiencia práctica. Están seguras de que nos irá mucho mejor si nos planteamos la carrera profesional de contable, tal vez incluso especializándonos en declaraciones de renta para vaqueros. No tardamos en hacerles

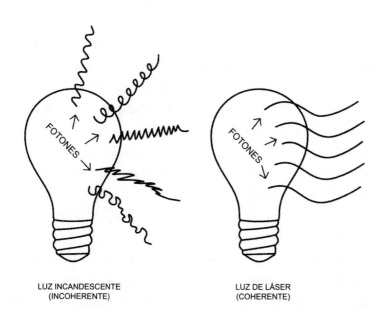

LUZ INCANDESCENTE
(INCOHERENTE)

LUZ DE LÁSER
(COHERENTE)

caso y nos convencemos de que es cierto que sería más práctico. Luego decidimos que lo único que importa en realidad es ganar el suficiente dinero como para asegurarnos una estupenda jubilación para así vivir felices para siempre.

La cuestión es que todos nosotros ocupamos un lugar en este plan tan perfecto. Contamos con talentos y capacidades únicas, y si no los utilizamos, tenemos la sensación de que nos perdemos algo, de que hay algo que no acaba de funcionar. Si nos rendimos a la convención, la insatisfacción no hace más que aumentar hasta que se manifiesta con una discordancia física o emocional. Enfermamos e inyectamos esa enfermedad en nuestro mundo.

Somos como conductores de electricidad, como bombillas. Si la electricidad pasa a través de nosotros sin resistencia, brillamos luminosos. Pero la menor de las interferencias con el fluido natural de los electrones provocará más calor y menos luz. La consciencia pura es nuestra electricidad. Gran parte de la población mundial es mala conductora de consciencia pura y ello provoca luchas y desórdenes, no sólo para esa parte, sino para todos nosotros. ¿Cuántas veces hemos visto a gente cometiendo el mismo error una vez tras otra sin aprender de sus errores? ¿Por qué una esposa maltratada sigue con su esposo? ¿Por qué continuamos utilizando combustibles fósiles cuando contamos con la tecnología para librarnos de ellos? En la actualidad, la discordancia supera con mucho al pensamiento lúcido y las acciones de apoyo en este mundo. La razón, simple, es que estamos desconectados. Carecemos del libre fluir de la percepción de la consciencia pura.

Para continuar con la analogía de la bombilla, aquellos de nosotros inconscientes de la consciencia pura somos como bombillas incandescentes. Derramamos un poco de luz a lo largo de un amplio espectro de longitudes de onda a la vez que desperdiciamos gran parte de nuestra energía en forma de calor. En pocas palabras, somos expresiones incoherentes del orden infinito de la vida.

Aquellos de nosotros conscientes de la consciencia pura somos como la luz de láser, que es coherente. Es decir, todos los fotones están en armonía entre sí. En lugar de desperdigarse en todas direcciones y a cualquier velocidad, los fotones de la luz de láser están totalmente sincronizados, como un ejército desfilando a la vez. Son resueltos y su acción es notable y potente. Nuestra consciencia tipo láser está muy concentrada y totalmente sintonizada con el Ser y el entorno. Aquellos conscientes del Ser engendran armonía sin dañar.

De niño, al igual que cualquier chico sano, yo era relativamente feliz, interactivo y siempre dispuesto a explorar mi entorno. Pero a los 10 años empecé a sucumbir a las voces prácticas de padres y profesores. Comencé a disfrutar aprendiendo a controlar mediante el conocimiento y el poder, y recibí aplausos cuando mi futuro parecía prometedor. Sí, iba a tener una buena vida, e iba a poder conseguir todas las cosas que quisiera si trabajaba duro, con fuerza de voluntad y esfuerzo. Todavía no me había dado cuenta de que todos aquellos que me prometían una buena vida luchaban asimismo por conseguirla para ellos.

Por entonces vivía en Japón, y cada noche, después de cenar, daba un paseo por el barrio, donde las casas parecían amontonarse unas sobre otras, con el aspecto de dientes torcidos y montados unos sobre otros. Iba dando vueltas arriba y abajo hasta que casi por instinto encontré el *dojo* donde aprendí judo. Mi *sensei* era uno de los mejores practicantes del mundo, pero su enseñanza superaba sus conocimientos de judo. Una noche, tras una experiencia especialmente desmoralizadora, me hallaba sentado al borde del *tatami*. Acababa de intentar vencer a un oponente mucho más pequeño y joven, y acabé perdiendo el encuentro. Me sentía a la vez rabioso, avergonzado, humillado y en mi corazón no parecía existir posibilidad de curación. El *sensei* percibió mi sufrimiento y eligió ese momento para enseñarnos una técnica psicoquinética, de influencia de la mente sobre el estado físico. A fin de que la técnica funcionase, debíamos librarnos de los enredos mentales. En pocos segundos, la rabia y la frustración desaparecieron de mi mente y mi cuerpo se relajó y se espabiló. La única vergüenza que sentía era porque los otros chicos verían las lágrimas de alegría que me caían, y pensarían que tal vez eran producto de la humillación. Me sequé las lágrimas con la manga de mi *judo-gi* cuando nadie miraba.

De inmediato me sentí sacudido por la simplicidad de este estado de fortaleza interior. No tenía que esforzarme, ni planear o manipular. Por el contrario, lo único que debía hacer era olvidarme de todo aquello. No entendía muy bien lo que me sucedía, pero supe que ese ruidoso y conflictivo mundo de los adultos no podía funcionar en el sosiego de mi corazón. No tenía todas las respuestas. Aunque tuve otras muchas experiencias parecidas en mi niñez y adolescencia, ese suceso hizo que no acabase de creerme a pies juntillas los preceptos del poder. En el borde de ese *tatami* encontré la libertad olvidada. Ahora, siempre que empiezo a dejarme seducir por las candilejas de la buena vida, hay una vocecita en el interior de mi pecho que no para de agitarse y susurrar: «No te lo acabes de creer».

El camino exterior y el interior

Entonces todavía no lo sabía, pero la experiencia interior de integridad vacía que tuve en ese *dojo* de Yokohama hace décadas me colocó en un camino que alteraría la manera en que iba a pensar y percibir el mundo durante las décadas futuras. Me aparté del camino exterior y materialista del poder y los problemas. Lo cambié por el más suave camino interior de paz y... problemas. Sí, así es... El camino interior y el exterior sólo se diferencian en su dirección. Son, en definitiva, caminos plagados de problemas que sólo dan la impresión de moverse hacia la resolución del sufrimiento. Un camino, se llame como se llame, sigue siendo un camino, y los caminos no pueden llevarte adonde ya estás.

La mayoría de nosotros nos alineamos con una o dos direcciones aparentes hacia la satisfacción. La primera es la más común. Se trata del camino exterior hacia el más y más: el camino de la autocomplacencia. Ese sendero satisface al ego añadiendo más al menú de la vida: más dinero, más conocimientos, más amigos, más músculos, más belleza, más comida y cosas así. Nuestros egos practican todo tipo de glotonerías, pero el deseo básico subyacente nunca se satisface.

La segunda dirección hacia la satisfacción es el aparente camino interior de la negación de uno mismo: el camino del menos. No se utiliza tanto como su gemelo malvado, pues el camino interior propone someter al ego a un ayuno de estímulos externos en favor de escuetas prácticas «espirituales». Aquí el ego se apega a la idea del sacrificio y otras austeridades. Apartar la propia consciencia de las tentaciones externas es uno de los senderos del camino interior.

No obstante, ni el camino interior ni el exterior son caminos. Ambos nos están diciendo que lo que somos no basta y que si iniciamos nuestro recorrido por cualquiera de ellos acabaremos siendo recompensados con una vida mejor. Pero mira por dónde, ambos caminos demuestran ser ineficaces a la hora de eliminar nuestro deseo más básico: el de una paz duradera. Hay un texto muy conciso y conmovedor que hace referencia a este problema del apego por un camino o del apego de cualquier tipo. El verso 9 de la *Isa-Upanishad*, escrita más o menos hace 3.000 años, nos dice:

> *Quienes se apegan al mundo material [el camino exterior] están condenados. Quienes se apegan al mundo espiritual [el camino interior] están doblemente condenados.*

Ya sé que la mayoría de nosotros consideramos que la autocomplacencia limita más que la meditación y el estudio de las escrituras cuando se trata de conocer al Ser, pero la *Isa-Upanishad* se permite disentir. Y a continuación lo explico.

Probablemente ya te has dado cuenta de que es más fácil convencer a un alcohólico o a un adicto al trabajo de que sus vidas necesitan de un repaso, de lo que es convencer de lo mismo a alguien «espiritual». Cualquiera que viva una vida externa ya sabe que en lo más profundo de su ser no acaba de funcionar. No puede sentirse pleno para siempre por mucho éxito que alcance. Por muchas patatas fritas que devore, coches que posea o personas a las que ame, nunca deja de oír esa débil vocecita interior que le incita: «No basta con esto. Todavía no estoy lleno».

Por otra parte, el aspirante espiritual, sea cual sea la disciplina o autoridad que siga, está convencido de que está en el camino perfecto hacia la salvación. Incluso su sufrimiento y sus fracasos «espirituales» se interpretan como lecciones a lo largo del camino, que le dan aliento para continuar. El sufrimiento y las austeridades suelen lucirse como una medalla al valor, que se muestra como prueba de su devoción. De hecho, el fracaso no hace sino reforzar su resolución y le anima a conseguir más de lo mismo. Pero las puertas del cielo no se abren únicamente a base de fuerza de voluntad. Eso es lo que llevó a Jesús a decirnos que las buenas obras no nos conducirán por sí mismas al cielo. La *Isa-upanishad* da un paso más cuando nos advierte de que la persona que recorre el camino interior está «doblemente condenada». Es casi imposible arrancarle de su creencia de que alcanzará la salvación total y completa a través de una determinación contumaz y de la práctica espiritual.

«Entonces —dices—, si ni el camino interior ni el exterior nos liberan, ¿estamos condenados a sufrir a manos del impulso desorientado del ego?».

Desde luego que no. En ambos casos, el camino interior y el exterior nos conducirán hasta las puertas de la salvación, pero no de la manera que imaginamos. No es el camino lo que alivia el sufrimiento o proporciona paz. De hecho, el camino actúa por negación. Cuando uno se detiene en el camino es cuando se está en posición de triunfar. El éxito nace de la inmovilidad, no del movimiento. Veamos cómo es eso.

El camino materialista externo actúa de dos maneras. Cuando una persona fracasa tan irremediablemente a la hora de alcanzar su objetivo de llevar una vida aunque sea en las condiciones más humildes, y tras un gran esfuerzo, acaba abandonando. Eso se conoce como «tocar fondo». La otra manera en que actúa el camino materialista es cuando alguien consigue todo lo que necesita y sigue sintiéndose vacío. Acaba preguntándose:

«¿Es que la vida es sólo esto?». Tanto el fracaso completo como el éxito absoluto son valiosos a la hora de hallar paz interior porque hacen saltar en pedazos la ilusión de que ese sendero les liberará de la lucha. Todos los viajeros que se hallan a mitad del camino siguen perdidos en la ilusión de que al alcanzar el objetivo acabará su miseria. Eso es lo que se llama la «competencia sin tregua». ¿Empiezas a comprender la sutil locura que se ha abierto camino en nuestro pensamiento? Continuemos.

En lugar de concentrarse en la riqueza material, el camino interior se enfoca hacia la consciencia del Ser. También puede funcionar, pero sólo a pesar de sí mismo. La transición de la ignorancia a la consciencia del Ser puede requerir muchos años. Al menos ese ha sido el consenso general hasta el momento. El QE tiene en mente un plazo mucho más reducido. El camino interior hacia la paz se concentra en la devoción, meditación, oración, obras de caridad, estudios de las escrituras, etc. Si te hallases en un «camino hacia la paz» tradicional deberías meditar o rezar sosegadamente, además de esforzarte en experimentar un estado pacífico y gozoso, resultado de tu conexión con un ser o una energía más elevada. Entonces tu esperanza consistiría en llevar esa orientación interior sosegada e inmaculada, al desvergonzado mundo exterior. Por desgracia, cuando la orientación interior se perdió en el mundo exterior, se consideró un fracaso y se prescribieron austeridades incluso más severas. El pensamiento subyacente era que podrías vencer al mundo exterior con paz interior si podías reforzar todo lo posible esa paz.

Este enfoque parece funcionar sólo de vez en cuando a lo largo de un prolongado período de tiempo. Si uno acaba siendo consciencia del Ser es a pesar del proceso, no gracias a él. Una razón por la que resulta tan largo es porque el sendero interior pone al mundo en guerra consigo mismo. La paz y la orientación divina pasan a ser los buenos, de blanco y el materialismo y el comportamiento negativo los malos, de negro. ¿Dónde está la perfección en eso? Cuando tienes dos de algo, no puedes lograr paz por completo. Uno no puede unificarse dividiendo y conquistando. Si tuvieras sólo uno, debería estar en paz consigo mismo. No habría nada que se opusiera a su unicidad. ¿Qué estado puede haber más pacífico que la unidad? Además, sólo puede haber «una» unidad. La consciencia pura es una. Cuando nuestra consciencia normal se vuelve consciente de la consciencia pura, ésta se refleja en la mente como paz eterna. La consciencia de la consciencia pura no es más que la comprensión de que esa consciencia común es pura consciencia. Para ser consciente de la consciencia pura y de la consciencia del Ser resultante, lo único que se requiere es dejar de intentar... dejar de hacer.

Así pues, si pretendemos acabar encontrando paz duradera, ni el camino exterior ni el interior resultan muy eficaces. Y hay una razón para ello. No se necesita ningún camino. De hecho, seguir algún camino te garantiza que *no* llegarás a la consciencia del Ser. Si crees que debes ir a alguna parte para obtener consciencia pura o que simplemente puedes adquirirla, es que ya te has extraviado.

Ambos caminos —interior y exterior— implican lucha. A pesar de ser la experiencia contraria, creemos que la lucha nos acabará reportando paz duradera. Pero la paz no puede encontrarse en el camino ni alcanzando la meta. Así es. Alcanzar una meta no reporta paz. Esa es quizá la peor de las ilusiones. En cuanto alcanzamos una meta nos ponemos a buscar la siguiente, ¿o no? Nisargadatta, el filósofo del siglo XX, señaló que es posible perder todo aquello que consigas. Eso también vale para la paz duradera.

«Un momento, un momento —objetarás—. Si ahora no tengo paz duradera y tampoco puedo obtenerla con esfuerzo, ¿entonces para qué debo siquiera intentarlo?».

¡Exactamente, eso es! No deberías intentarlo. De hecho, no puedes intentar lograr una paz duradera porque ya la tienes. Lo que crea las ondas distorsionadoras sobre las aguas de la paz es el propio intentarlo. ¿Te das cuenta? Cuando paras... paras... paras... Ahí aparece la paz.

No es la meta lo que trae la paz sino más bien la momentánea suspensión de cualquier esfuerzo tras alcanzar una meta y antes de empezar la siguiente. Es la pausa lo que refresca, perpetuamente. Es comparable al intervalo entre tus pensamientos. En ese silencio sereno uno está en paz, aunque sea momentáneamente. Cuando uno para, no hay nada que hacer, ningún sitio al que ir. Todo el peso desaparece. Sólo entonces nos liberamos de la ilusión de que el camino solucionará todos nuestros problemas. Es el ego —que no reconoce que el camino ha finalizado y que no es necesario continuar— el que reinicia el motor de la mente y lo enfila de nuevo hacia fuera o hacia dentro.

Así pues, si el camino exterior materialista y el camino interior espiritual no funcionan, ¿estamos condenados a debatirnos para siempre en las aguas del descontento? Desde luego que no. Existe un tercer camino que funciona con facilidad y rapidez porque en realidad no es un camino. El QE es único en su enfoque de la consciencia del Ser. Es una técnica sin técnica. El QE tiene éxito sólo porque se autoelimina como técnica y nos libera de la necesidad y de la inclinación a intentarlo.

Pero esta es la parte buena. No has de abandonar tu camino. No importa si tiendes a lo interior o a lo exterior. Ambas tendencias funcionarán bien mientras añadas consciencia del Ser. Así que puedes apoyar los pies en la mesa y ver toda la televisión que quieras o meterte en lo más profundo de una cueva, pues, siempre que seas consciente de ti mismo, cualquier camino te conducirá a la paz interior a través de la consciencia del Ser. De esta manera puedes bañarte y guardar la ropa. Continúa con tu manera de vivir como si te encantase. No es necesario que cambies. Basta con que te hagas consciente del Ser y todo funcionará rápidamente y en tu beneficio. Hay muchas maneras de conseguirlo, pero el proceso del QE es el sistema más sencillo y eficaz que conozco. Imagino que es obvio, porque no habría escrito todo un libro para contártelo.

Me lo estoy pasando muy bien contigo, es cierto. Pero aparte de eso, todo lo que he dicho es cierto. En realidad, el QE combina simultáneamente los caminos interior y exterior. ¿Qué ocurre cuando entras y sales al mismo tiempo? Pues que no existe movimiento, ¿no es así? El entrar y salir se anulan entre sí y tú acabas sentado, inmóvil. ¿Qué otra palabra hay para hablar de no moverse? Ya hemos aprendido que la falta de movimiento es paz absoluta. Así que, ¿cómo ejecutamos esa técnica del no movimiento? Te lo explicaré en el próximo libro... No, estaba bromeando. Lo único que tienes que hacer es pasar página y prepararte para aprender esta asombrosa técnica de no hacer: el proceso del Quantum Entrainment.

Capítulo 6

Quantum Entrainment

Observa tu cambiante vida, indaga profundamente
más allá de los motivos, más allá de tus actos,
y no tardarás en pinchar la burbuja en la que te hallas encerrado.

NISARGADATTA

Hacer nunca te llevará a lo que ya es.
Síguele el rastro a la idea que inicia ese hacer hasta llegar a su raíz.
Allí hallarás el fin del viaje que nunca empezó.

H. W. L. POONJA

Permíteme que insista en que ser consciente del Ser no es un proceso sino una percepción. Es el cambio de tratar de arreglar tu mundo a aceptarlo por completo. Y tenlo en cuenta, este cambio se produce de manera automática y sin esfuerzo. Tiene lugar de inmediato, sin intentarlo. Cuando comprendes el Quantum Entrainment (QE), te vuelves consciente de la consciencia pura y luego te vuelves consciente del Ser. En ese momento preciso estás en armonía no sólo con tu vida sino con todas las cosas creadas que se arrastran, vuelan o centellean en los cielos. Alucinante, ¿verdad?

Una vez que seas consciente del Ser, no habrá ningún problema que te resulte incontrolable. Puede que al principio lo dudes, pero no tardarás en abandonarte en los brazos protectores de la paz mientras la furia de la vida ruge pero ya sin ti. Empezarás a identificarte más con el silencio y menos con la actividad. Te preguntarás por qué parece enfadarse tanto la gente, y luego comprenderás que esos mismos hechos solían encenderte también a ti no hace mucho. Una vez establecido en tu Ser, los problemas no son más que criaturas traviesas forzando los límites de la convención. No son buenos. No son malos. Son. Observas el asombroso funcionamiento del Universo tal cual es. Es exactamente el mismo que siempre ha sido y no obstante muy distinto. Ahora está permeado para siempre por la indescriptible integridad de la paz.

La aceptación completa te sitúa más allá de la estocada del sufrimiento. Más allá del alcance de tus sentidos, sientes la perfección. Eres Perfección. Al descubrir a tu Ser, brillando tenuemente en el corazón de todas las cosas creadas, llegas a conocer a Dios. Llegas a conocer a tu Ser como Dios.

Hay más, hay más aparte de Dios. Dios viene definido por Su creación. Dios sólo existe porque la creación existe. Más allá de Dios está la Nada de la que Dios surgió. Y la Nada es paz absoluta. Así que no necesitas comprender a Dios ni a la Nada. No necesitas manejar las piezas de tu vida para conocer el Todo. Sólo necesitas esto: hacer QE y seguir inocentemente con tu vida. Este es el único mantra, el único sermón de paz. Así de simple.

El QE es un proceso que transforma nuestra percepción eliminando el movimiento, dejándonos así conscientes del ser. A continuación, en ese estado inmóvil de pura consciencia, volvemos a añadir los pensamientos y cosas de nuestro mundo. Es como apagar la película de tu vida y ver la pantalla blanca en la que se proyectaba. Luego, al volver a encender la historia de tu vida, contarás con una perspectiva distinta, más expandida e incluso más compasiva respecto de tu propia vida. Empezarás a apreciar la permanencia de la consciencia del Ser bajo la accidentada carretera que habías llegado a considerar el viaje de tu vida.

También, y sin esfuerzo, esta nueva percepción produce una sensación de paz, amor y alegría. Se trata del reflejo de la consciencia pura en la mente, del que ya habíamos hablado. Se trata del nacimiento del Ser, que se siente como algo muy muy bueno. A esas buenas sensaciones las denomino Eumociones.

Las Eumociones

Una Eumoción es única en toda la creación. Es la primera manifestación de totalidad a través de la que debe pasar todo el material del Cosmos antes de convertirse en una casa, en una mariposa o en un río de lava. Una Eumoción es totalmente segura. Es la única cosa creada que está libre de toda restricción y contradicción. Es totalmente abierta y fluye completamente libre.

Para la mente, la Eumoción es un rico chocolate negro, un nuevo amor y un viaje en cohete hacia el cielo, todo en uno. Cuando está presente, la mente no anhela nada. Establecida en la consciencia de la Eumoción, la mente está segura. Puede elegir su camino entre los horrores y dificultades de la vida, y sentir siempre que la madre está vigilante, esperando con los brazos abiertos para proteger y confortar.

¿Qué es exactamente una Eumoción? Buena pregunta. Tu mente identifica Eumociones como alegría, paz, tranquilidad, silencio, amor ilimitado, gozo, éxtasis, etc. Las Eumociones no deben confundirse con las emociones cotidianas que experimentamos como felicidad, entusiasmo, rabia, pesar, amor condicionado, celos, temor y demás. A esas emociones las denomino condicionadas porque nacen de circunstancias como ganar dinero, perder dinero, perder a la persona amada, conseguir un nuevo empleo, etc.

Las emociones condicionadas están siempre asociadas con el pasado o con el futuro. Al rememorar antiguos recuerdos, o incluso los que tienen que ver con situaciones del pasado inmediato, sentimos ansiedad, cólera o felicidad, igual que al pensar en lo que nos deparará el porvenir. La intensidad de esas emociones también es condicional. La intensidad de una emoción condicional viene determinada por la mente, tanto consciente como subconsciente. Es como una lata de gusanos. Todo se enrolla y se entreteje de manera increíble, y lo cierto es que no vale la pena que lo analicemos en ese momento. Por fortuna, las Eumociones son más bien simples y están libres de causa y efecto.

En realidad, sólo existe una Eumoción que sea demasiado sutil para definirla con una palabra, y no obstante tu mente debe etiquetarla. El cambio es la naturaleza de la mente. Por ello, experimenta esa Eumoción única y sutil con distintos sabores o colores. Cambia como el mar según los días. Un día es de color azul marino; otro día es gris verdoso y así sucesivamente. La única Eumoción que se refleja desde las profundidades de la mente se reconoce como paz, alegría o inmovilidad. Así pues, la Eumoción primigenia no es en realidad ninguna sensación. Pero deja impresiones en la mente que se interpretan como sensaciones serenas y hermosas que elevan el espíritu e inflaman el corazón.

Te contaré un pequeño secreto. La Eumoción es el Ser. Es verdad. Tu Ser se refleja en tu mente como alegría, amor y paz. Asombroso, ¿a que sí? Tu Ser está más allá de la vista de tu mente, igual que los rayos de la luz del sol que colorean el mar están más allá de la capacidad de tus ojos de percibirlos. Pero sí que puede reconocerse el primer movimiento del Ser en la mente, que es cuando sientes paz.

¿Comprendes las implicaciones? Si tu Ser se refleja como Eumociones, entonces tu Ser es todo bondad. No tiremos esa perla al barro. Se trata de un profundo descubrimiento que debería investigarse a fondo.

Si estás pensando en tu Ser como en algo que «está por ahí» o en el fondo de tu mente, entonces no te has dado cuenta, de quién, o con más precisión, de qué eres. Sigues identificándote con tu cuerpo-mente. Tú no eres más que esa Eumoción;

EUMOCIONES

LUZ ROJA

EUMOCIÓN (LUZ PURA)

MENTE (VIDRIO ROJO)

CONSCIENCIA PURA

ni más ni menos. Recuerda que el Ser es ilimitado y eterno. Y acabamos de descubrir que es todo bondad y que refleja esa bondad en la mente. Sólo cuando la mente olvida al Ser, siente el cuerpo-mente dolor y sufrimiento. Cuando te olvidas de tu Ser, eres como un rey con amnesia. Hasta que recuperes la memoria y reclames tu trono, continuarás viviendo como un indigente. Y por suerte para todos nosotros, recuperar tu memoria y reclamar el trono resulta que es extraordinariamente simple.

Si tu mente fuese una bombilla, la electricidad que pasara por ella sería consciencia pura. La luz clara que emanase del filamento sería la Eumoción desplazándose hacia el exterior, alcanzando el cristal, que representa la mente externa e individual. La luz de la Eumoción ilimitada pasando por la mente-cristal se individualiza. Aquí es donde se crean las emociones condicionadas. Si el cristal fuese azul, irradiarías depresión. La cólera sería una bombilla roja, mientras que la felicidad podría ser amarilla. Cuando la Eumoción pura traspasa el cristal de la bombilla, queda modificada por la individualidad de la luz de la bombilla. Ahí es donde la Eumoción se individualiza como cólera, melancolía o felicidad.

La cuestión radica en que esas Eumociones son siempre puras y claras; siempre. No importa lo que sientas o pienses hacer exteriormente: interiormente eres el claro reflejo de tu Ser, o Eumoción. Si alguien tuviera que juzgarte por el color de tu reflejo, entonces se perdería tu expresión más hermosa, y la suya: la Eumoción.

Hacer QE aviva la mente con Eumociones, y automáticamente la mente se armoniza. A partir de ahí refleja armonía al entorno en beneficio de todos. A través del QE, disfrutamos espontáneamente del sabor de la Eumoción que en ese momento se refleja en nuestra mente. También aprendemos a reconocer esta pureza interior en los demás. Podemos ver más allá de las imperfecciones reflejadas y apreciar la vibrante paz y calma de su Eumoción al reconocerla como propia. Al nivel de la consciencia de la Eumoción es donde realmente nos damos cuenta de que todos somos uno.

Cómo descubrí el QE

Ya hemos hablado bastante sobre la consciencia pura, la consciencia del Ser y las Eumociones. Es hora de arremangarnos y... no hacer nada. El QE, recuérdalo, es un proceso que elimina el movimiento, de manera que nuestra percepción —como una concha vacía reposando en el fondo del mar— pasa de las preocupaciones diarias a asentarse fácilmente en la consciencia pura. También recordarás que la consciencia pura no es lo único que distrae nuestras mentes, y por ello se aburre con facilidad y regresa —como una burbuja desde el fondo del mar— al nivel mucho más activo de la consciencia.

Hay muchas técnicas curativas eficaces que no hacen más que esto, sean conscientes de ello o no. Se sumergen en la armonía perfecta de la consciencia pura y luego regresan a un nivel mental más activo para administrar la curación. Esa misma consciencia que cura —la consciencia pura— se deja atrás a fin de activar un proceso o modalidad curativa. La mente inquieta, incapaz de encontrar el mínimo interés en la consciencia pura regresa hacia el exterior, para lanzarse a tareas más entretenidas. Cuánto poder podría utilizar con sólo descubrir una manera de permanecer enganchada a la fuente de la sanación. El poder curativo de su procedimiento podría aumentar de manera increíble. Un procedimiento así no sólo sería eficaz para curar dolencias físicas o emocionales, sino que se convertiría en una plantilla para sanar todas las facetas de la propia vida: espiritual, social, educativa, medioambiental, política, física y mental. Bien, agárrate fuerte, ¡que allá vamos!

El QE no es más que ese proceso. Es (y debo decirlo con toda humildad) un asombroso golpe de genialidad. No lo descubrí merced a ningún poder mental superior o agudas dotes de observación (cualquiera que me conozca estará de acuerdo con ello). Más bien al contrario: descubrí el arte de no intentar a base de años de fracasos intentándolo (*véase* el Apéndice B). Fracasé estrepitosamente tanto en el camino interior como en el exterior. Me di por vencido en los dos y entonces fue cuando se me apareció el tercer camino oculto, que había estado ahí delante todo el tiempo.

Cuando me rendí a lo que sucedía y dejé de intentar arreglar nada, los cielos se abrieron y un sol celestial brilló de manera tan luminosa que tuve que ponerme gafas de sol en el tercer ojo. ¡Estaba anonadado! Y cuando examiné esa maravillosa sensación más de cerca, aumentó de intensidad. La razón de mi júbilo no era otra más que dejar de hacer lo que estaba haciendo y observar lo que sucedía. Mi mente se emocionaba por estar justo donde estaba. En cuanto intenté analizar lo que sucedía, se desvaneció mi sensación de alegría e ilimitada presencia. Así que dejé de intentarlo y mi Eumoción volvió a inundarme. Todo era tan simple y potente a la vez... En palabras de Padahasta, era tan sencillo como la fruta en la palma de mi mano.

En un espacio de tiempo muy breve aprendí a mantener este estado de Eumoción mientras proseguía con mis actividades cotidianas. Primero lentamente y luego con más vigor, pude ser consciente de la consciencia pura y de la Eumoción durante la mayor parte de las actividades más dinámicas. A partir de ese momento fueron pocas las actividades que ensombrecieron mi percepción de la Eumoción, y cuando la perdía, sólo duraba unos pocos instantes. Luego regresaba instintivamente y nos abrazábamos como los viejos y queridos amigos que éramos.

Cómo hacer QE

Espero que estés listo para aprender QE porque yo lo estoy para enseñarte. Me ha emocionado la posibilidad de este instante desde el momento en que empecé a escribir este libro y creo que he sido lo bastante paciente. ¿Estás listo? Entonces, comencemos.

Para prepararte, busca un sitio tranquilo con una silla cómoda en el que durante 30 minutos no te interrumpa la familia, los amigos, las mascotas o los teléfonos. También puedes hacer que alguien te lea estas instrucciones, siempre y cuando sólo lea lo que está escrito y no entable una conversación. O bien, puedes grabar las instrucciones, asegurándote de dejar un espacio vacío cuando estas indiquen un tiempo con los ojos cerrados. Muy bien, ¿listo?

Siéntate cómodamente y cierra los ojos. Deja que tu mente deambule donde quiera ir durante 15-30 segundos. Simplemente observa los pensamientos mientras van y vienen. A continuación, hazte más consciente de lo que piensas. El contenido no importa. Sólo has de prestar mucha atención a cualquier pensamiento que fluya a través de la pantalla de tu mente. Obsérvalos con atención concentrada. Eso no significa que tengas que realizar un esfuerzo para tratar de observarlos ni concentrarte en ellos. Siéntate cómodo con una atención concentrada, como un gato vigilando el agujero de un ratón. Continúa observando tus pensamientos con una atención concentrada y cómoda durante uno o dos minutos.

No sigas leyendo hasta que hayas observado muy de cerca tus pensamientos durante uno o dos minutos. Esperaré...

Muy bien, ¿has terminado de observar atentamente los pensamientos durante uno o dos minutos? Vale, entonces continuemos.

Mientras observabas los pensamientos te habrás fijado en que se sosegaban y tranquilizaban casi de inmediato, ¿no? No parecían tan intensos. Se fueron desvaneciendo y haciendo más escasos mientras tu pensamiento se atenuaba. Recuerda que hagan lo que hagan los pensamientos, siempre estará bien. Tanto si son ruidosos como serenos, no tiene importancia. Tu tarea es ser el observador perfecto. Limítate a observar lo que hacen. Eso es lo único que tienes que hacer: observar con una atención serena.

¿Te has fijado en que a veces los pensamientos parecían detenerse del todo? Mientras tus pensamientos se iban desvaneciendo, habrás observado que se disipaban y que te quedabas sólo con la consciencia pura. Fantástico. Pero no hemos hecho más que comenzar.

¿Te has fijado en que después de realizar la primera parte de este ejercicio te sentías más relajado corporalmente y más sereno mentalmente?

Son los deliciosos beneficios de ser consciente de la consciencia pura, tanto si eres consciente de ello como si no. Pronto funcionarás a ese nivel más tranquilo y perfeccionado incluso mientras estás atrapado en un atasco. Pero tenemos más tarea por delante, así que volvamos a la cuestión.

Vuelve a cerrar los ojos. Con inocencia y atención observa los pensamientos como antes. En esta ocasión deberá ser más fácil y podrás ver que tus pensamientos se calman y acaban deteniéndose con más rapidez. Observa atentamente de esta manera durante un par de minutos. Al cabo de dos o tres minutos mira a ver cómo te sientes.

Esperaré, esperaré...

Durante esos dos o tres minutos, ¿has sentido algún tipo
de inmovilidad, silencio o paz? También podrías haber experimentado alegría, amor, compasión, júbilo, gozo, etc. La buena
sensación que experimentaste es tu Eumoción.

A continuación, cuando vuelvas a cerrar los ojos, mientras
permaneces sentado, me gustaría que observases los pensamientos y esperases a que tu Eumoción apareciese en la consciencia. Recuerda, tu Eumoción puede ser algo tan sencillo
como sosiego o silencio o tan profundo como el éxtasis. Una
Eumoción no es mejor que otra. Sea la que sea, obsérvala. Si
los pensamientos regresan, obsérvalos inocentemente. Luego
esos pensamientos darán paso bien al no-pensamiento, la
consciencia pura o tu Eumoción. Sea lo que sea —pensamientos, Eumoción o consciencia pura—, obsérvalo con sencilla
inocencia y sin hacer nada. Es muy importante; no hagas nada
excepto observar los pensamientos y aguardar que aparezca la
Eumoción. Cuando la Eumoción surja en la consciencia, concéntrate en ella con claridad e intensidad. En ocasiones podría
no aparecer ninguna Eumoción ni tampoco pensamientos. Eso
es la consciencia pura. En esas ocasiones simplemente deberás
esperar en la consciencia pura hasta que vuelva a aparecer la
Eumoción.

¿Te das cuenta de lo sencillo que es? Aparezca lo que aparezca en la pantalla de tu mente, tu posición siempre será la misma. Eres el observador, nada más. *Nunca interfieras o intentes controlar ni tus pensamientos ni la Eumoción.* Créeme: todo se ocupará
de sí mismo por ti. ¿Has de esforzarte para relajarte o sentirte
en paz? No, es automático. Todo ocurre por sí mismo a través
de la sabiduría de tu Eumoción una vez que eres consciente de

ella. No lo compliques; de lo contrario retrocederá, yendo a parar al camino de la lucha y el sufrimiento.

Ahora, reanuda el proceso de QE, con los ojos cerrados, tal y como he descrito anteriormente. Esta sesión durará unos cinco minutos. Cuando estés listo, tómate el tiempo que necesites para abrir lentamente los ojos y continuar leyendo.

¿Cómo te sientes ahora? ¿Eres consciente de tu Eumoción? ¿Notas algo? Tienes los ojos abiertos y eres consciente de tu Eumoción. ¿No te parece extraordinario? Antes tenías que cerrar los ojos y sumergirte profundamente en la mente para hallarla. Pero fíjate en lo que ha sucedido. Tu Eumoción te ha seguido fuera, en la actividad. ¿Qué te parece?

Recuerda que la Eumoción es ilimitada y que por ello está siempre ahí. La has estado ignorando durante gran parte de tu vida. Y la volverás a ignorar, pero practicando QE de manera asidua, siempre podrás recuperarla. Estás creando las bases para una vida más allá de lo imaginable. En alguna parte, en un futuro no muy lejano, de repente te darás cuenta de que vives la vida gozosamente, más allá de tus expectativas más exageradas.

Pero bueno, todavía no hemos acabado. De hecho, todavía nos queda lo mejor. Me gustaría continuar con el proceso de QE tal y como lo has aprendido. Cierra los ojos y observa lo que fluye a través de la pantalla de tu mente. Obsérvalo hasta que seas consciente de tu Eumoción y luego obsérvala con atención. Observa atentamente la Eumoción, sin interferir. Si se transforma en otra Eumoción, observa profundamente la nueva. Sigue así durante 3-5 minutos.

Luego, cuando creas que ha llegado el momento, abre poco a poco los ojos y continúa haciendo QE. Sentado, con los ojos abiertos, mirando por delante de ti, sé consciente de la Eumoción. Sigue haciendo QE con los ojos abiertos. Tendrás pensamientos, Eumoción y consciencia pura, todo con los ojos abiertos. Continúa uno o dos minutos más y luego, lentamente, ponte en pie y mira algún objeto cercano. Observa ese objeto y luego sé consciente de la Eumoción. A continuación, mira otro objeto mientras observas la Eumoción.

Cuando estés preparado, camina poco a poco por la habitación. Siente cómo se mueve tu cuerpo. Siente cómo te apoyas en una pierna y luego en la otra, y la presión del suelo contra cada pie. Cuando la Eumoción no esté presente, no tienes más que volver a recuperarla mediante simple consciencia. Pon los cinco sentidos en caminar lentamente por la habitación. Presta atención a los sonidos de la habitación. Siente el aire en el rostro. Pasa la mano sobre una planta u otro objeto. Involucra los sentidos del olfato y el tacto. Al mismo tiempo, continúa regresando a la Eumoción cuando te des cuenta de que no está presente. Detente y hazte únicamente consciente de la Eumoción, sintiendo cómo se intensifica o se transforma en otra Eumoción. En realidad, no cambia verdaderamente de intensidad ni de tipo. Lo que ocurre es que tú te vuelves más consciente de las infinitas manifestaciones de tu Ser. Eres Tú de la manera que se supone que eres. Nada de estar atrapado en las actividades manipuladoras del ego, basadas en el miedo, sino que simplemente estás siendo con tu Ser. No hay nada más importante ni satisfactorio.

Repaso del QE

- Siéntate cómodamente con los ojos cerrados y deja que tus pensamientos fluyan durante 10-15 segundos.
- Observa los pensamientos con sencilla inocencia, como un gato observando una ratonera.
- Con el tiempo, tus pensamientos se sosegarán, se detendrán o desaparecerán del todo.
- Continúa observando tranquilamente lo que sucede.
- No tardarás en sentir algo bueno, tu Eumoción.
- Ahora observa la Eumoción con una clara pero sencilla inocencia.
- Se volverá más intensa o cambiará dando paso a otra Eumoción, o bien regresarán los pensamientos.
- Sea como sea, limítate a observar cómo se desarrolla, como si vieses una película.
- Cuando abras los ojos, continúa con este sencillo proceso de observación inocente.
- Muévete por la habitación, interactuando lentamente con los objetos.
- Cuando te des cuenta de que la Eumoción se desvanece, no tienes más que fijarte en lo que sientes. Obsérvalo durante unos instantes, y luego continúa explorando otro objeto.

Capítulo **7**

Aplicar el QE

> Siempre que necesitas una respuesta, una solución
> o una idea creativa, has de dejar de pensar durante un
> momento para concentrar la atención en tu campo de energía interno.
>
> ECKHART TOLLE

> Si inhibes el pensamiento (y perseveras), acabas llegando a
> un área de consciencia por debajo o por detrás del pensamiento... Y a la reali-
> zación de un ser más vasto que aquél al que estabas acostumbrado.
>
> EDWARD CARPENTIER

QE básico

El proceso que aprendiste anteriormente es el Quantum Entrainment (QE) básico. Es la base de todas las aplicaciones de QE. Es todo lo que necesitas para ser consciente del Ser. Pero si lo que quieres es aplicar QE en otras áreas de tu vida —como la mejora de las relaciones o eliminar el dolor físico—, entonces deberás aprender a aplicar este proceso básico a situaciones comunes y corrientes, sobre todo si lo que quieres es ayudar a otros a disfrutar de la energía de tu recién descubierta consciencia. En los capítulos correspondientes explicaré las aplicaciones más específicas de QE, pero claro, a ti te gustaría acercarte a los demás y ayudarlos. Hacer QE para otros es muy emocionante y divertido, así que te adelantaré unas cuantas reglas generales que te ayudarán a abrir la consciencia al mundo.

Nota del autor: Si lo que quieres es concentrarte específicamente en sanar con el QE, te sugiero que leas *La curación cuántica*, de este mismo autor. Esta obra te permitirá alcanzar una comprensión más profunda de las aplicaciones específicamente curativas del QE.

QE físico

Cuando empiezas a compartir el QE con los demás puedes hacerlo físicamente o a distancia. El QE físico significa que tocas físicamente a la persona, mientras que el QE a distancia implica no tocarla. Es muy sencillo. Echemos ahora un vistazo para vez cómo se practica el QE físico.

Acércate a la persona tranquilamente y hazle saber que vas a tocarla con suavidad. Hazle saber que el proceso completo no durará más de unos pocos segundos o escasos minutos. Como explicación, podrías decir: «El descanso es el sanador universal. Todo necesita reposo para sanarse. Cuanto más profundo el reposo, más profunda la sanación que tiene lugar. He aprendido que el proceso del QE permitirá que tu cuerpo descanse muy profundamente en un período de tiempo muy corto, facilitando así una curación profunda».

A continuación reposa la mano sobre el cuerpo de la persona. Tu contacto debe ser tan ligero como el de un dedo sobre el iris del ojo. Cuando toques a la persona, no frotes, ni masajees ni muevas la mano en ningún sentido. Es importante que sepas que no importa dónde coloques las manos. La sanación se producirá incluso sin tocarla. A algunas personas les gusta el enfoque del contacto y otras prefieren a distancia. Tal vez a causa de mi experiencia previa como quiropráctico, yo prefiero tocar siempre que sea posible. Algunos de mis lugares favoritos son el cuello, la frente, la zona lumbar y el tórax superior. Me dirijo siempre a esos lugares por costumbre, no porque ayuden a la sanación de manera especial. La consciencia pura no necesita mi ayuda.

Toma contacto con ambas manos y pide a la persona que no intente ayudar de ninguna manera. Dile: «Limítese a dejar que su mente vaya a donde quiera ir».

Una vez que tus manos descansen firme pero suavemente sobre el cuerpo de la persona, lleva a cabo el proceso de QE. Y luego... Bueno, pues eso es todo. No tienes que hacer nada más, excepto QE. Mantén la consciencia de tu Eumoción o consciencia pura, o lo que haya en tu mente, tal y como has aprendido. Recuerda que no estás sanando a nadie ni creando ningún tipo de energía que sanará. No estás haciendo más que QE. Es estupendo. Mientras el cuerpo-mente de la persona experimenta una metamorfosis de enormes proporciones, tú estás simplemente gozando. ¿Puede haber algo mejor?

Puedes mover las manos de vez en cuando pero no muy a menudo, ya que podría alterar un poco a la persona. Te sugiero que primero muevas una mano y luego la otra, pero no las dos al mismo tiempo. Cuando hayas finalizado con la sesión, apártate.

Durante la sesión, el receptor podría empezar a balancearse como un árbol movido por una suave brisa. Asegúrate de que no se cae. El QE es muy relajante, y su cuerpo podría adoptar algunas posturas extrañas al relajarse los nudos físicos encerrados en las fibras musculares. No tienes más que estar ahí para apoyarlo y evitar que se caiga.

En una ocasión fui a visitar a unos amigos a una feria de terapias alternativas. Contaban con una cámara Kirlian que hacía fotos de los colores que rodean a las personas y que representan emociones. Una mujer acababa de fotografiarse y me enseñó las burbujas y globos multicolores que rodeaban su cabeza y hombros. Me preguntó a qué me dedicaba y le conté lo del QE. Cuando la gente oye algo así, la respuesta más común que obtengo es un rápido fruncido de cejas seguido de una sonrisa insulsa y el comentario: «Vaya, eso está bien». Esa mujer no fue diferente del resto, así que me ofrecí a mostrarle de qué se trataba. En cuanto la toqué, se cayó de espaldas. Si yo no hubiera estado preparado, se habría caído al suelo cuan larga era. La acompañé en la caída y luego la ayudé a incorporarse al cabo de un par de minutos. Aseguró sentirse bien y mis amigos de la cámara Kirlian sugirieron que se hiciese otra foto. En esta ocasión sólo se le veía un color: un sólido arco iris dorado de hombro a hombro. Yo no sé mucho de los colores Kirlian, pero ella y mis amigos parecían estar de acuerdo en que el cambio era extraordinario. La cuestión es que si no hubiera estado preparado para sujetarla, podría haberse lastimado en la caída. Ahora bien, se trata de un caso extremo, pues el 99% de las personas que reciben QE disfrutan de un suave y tranquilo balanceo mientras sus músculos y emociones se vacían de tensión.

QE a distancia

El QE a distancia se parece mucho al QE físico, excepto en que no tocas al receptor. No importa si está en la misma habitación. Pero si el receptor está en la provincia de al lado visitando a su tía y a su perro de tres patas en la granja de avestruces, entonces el QE a distancia es precisamente lo que el médico le recetó. Así es como funciona el QE a distancia:

Cuando se hace QE a distancia, hay que conseguir que el receptor se siente tranquilamente, con los ojos cerrados, y recordarle que permita que su mente vague a voluntad. Hazle saber cuánto tiempo va a durar la sesión de QE y luego llámale o envíale un correo tras la sesión. Deja que sea él quien te llame porque tal vez quiera permanecer en ese estado dichoso durante algún tiempo más, o tal vez quiera dormir y permitir así una sanación más profunda. También es buena idea realizar una comprobación previa y otra posterior del problema, tanto si es físico como emocional. Aprenderás a hacerlo en la siguiente sección de este libro.

Yo hago sesiones de QE a distancia con personas de todo el mundo. A veces ni siquiera sé nada sobre la persona, ni qué quieren curar o cómo se llaman. Pero el QE sigue funcionando. Y es porque la consciencia pura no es ignorante ni tampoco está impedida como para desconocer la dirección. Sabe qué hacer porque ella creó el problema aparente y sabe adónde dirigirse porque ya está allí. Yo sólo soy un testigo de lo que está sucediendo, a pesar de las incitaciones de mi ego para que crea lo contrario.

El QE a distancia es muy divertido y beneficioso tanto para el donante como para el receptor. Mi esposa Martina, terapeuta masajista de deportistas profesionales, se esfuerza mucho para mantener contenta a su clientela. Tras una agotadora sesión de masaje con un musculoso deportista, llega sudando a mi oficina y me ve trabajando a distancia con un cliente. Yo me hallo cómodamente sentado en una silla muy bien preparada, sumergido en el gozo. Al pasar junto a mí, puedo oír lo que masculla bajo su respiración forzada: «¡Búscate un trabajo de verdad!».

Si cuentas con una imaginación despierta, te darás cuenta de que el receptor está contigo en la habitación o que tú estás con él o que ambos os reunís en una cafetería imaginaria para una sesión de QE y unos cafés. Sea como fuere, en tu imaginación tú simplemente haces lo que harías si el receptor estuviese contigo físicamente. Imagínate empezando tal y como lo harías en persona y luego empieza con el QE. Lo que hagas no tiene importancia. No obstante, que hagas QE es de vital importancia.

También puedes utilizar un sustituto como una muñeca para tenerla delante en lugar del receptor ausente. Coloca las manos sobre la muñeca como harías si fuese el receptor. También puedes utilizar tu propio cuerpo como sustituto. La manera más fácil de hacerlo es sentarte y luego tocarte los muslos o algo fácil de alcanzar para a continuación hacer QE. También puedes utilizar fotografías o incluso escribir el nombre del receptor en un trozo de papel. El sustituto también puede ser otra persona. Trabaja sobre un amigo como si fuese el receptor y los tres os beneficiaréis. Finalmente, puedes hacer lo que denomino «QE de aire», de forma parecida a como hacen los guitarristas cuando se han olvidado la guitarra en casa. Todas esas ayudas son innecesarias y están destinadas únicamente a ayudar a tu mente. Así que no te engañes creyendo que necesitas una fotografía de la persona o que debes conocer por qué tipo de problemas atraviesa. Limítate a recordar que la consciencia pura manifestará la sanación adecuada en el momento oportuno y en el lugar preciso. Sólo has de observar.

QE ampliado

El QE ampliado también viene a ser lo que anuncia su nombre. En lugar de hacer QE durante uno o dos minutos, se realiza durante períodos más prolongados, de hasta una hora. A menudo el QE ampliado se combina con el QE a distancia. Yo, por lo general, hago sesiones de 20 minutos.

El QE ampliado ofrece al receptor –por no mencionar al donante– una oportunidad de exponerse más tiempo a la consciencia pura, abriendo su cuerpo-mente a una sanación más profunda. Los períodos ampliados proporcionan un gran beneficio a los traumas emocionales profundos y a las enfermedades físicas crónicas. Empieza el QE ampliado como harías con la sesión básica. Con el paso del tiempo, si continúas anclado en la consciencia pura, descubrirás que tu mente se eleva hasta morar en niveles de energía más sutil, donde podrás observar los patrones de fuerzas creativas sanadoras arremolinándose y fluyendo a tu alrededor. Aquí recibirás importantes revelaciones sobre el funcionamiento del Universo, o bien descubrirás soluciones a problemas relativos al ni vel más grosero de la vida cotidiana. También podrías recibir la visita de ángeles o maestros desencarnados y de otras distracciones. Resiste el deseo de alejarte de la consciencia pura. Tu tarea es el QE, permanecer consciente de tu Eumoción y de la consciencia pura. Todo lo demás no son más que apariencias. Podrás lograr muchos más beneficios de los que imaginas manteniéndote en el nivel más perfeccionado de la mente, libre de distracciones. Ya jugarás con los ángeles más tarde, te lo prometo.

En todas las formas de sanación con QE los efectos continúan manifestándose mucho tiempo después de la sesión. Aunque ahora no parezca que suceda nada, al cabo de 20 minutos o

20 días, la sanación será completa. Tras la sesión acostumbro a realizar un test de comprobación. Luego, tras hablar con el receptor durante uno o dos minutos, hago otro test y normalmente se aprecia una mejoría significativa. En una ocasión tuve a una mujer en uno de mis seminarios que llevaba 30 años padeciendo zumbidos en los oídos. Hice QE alrededor de un minuto y no notó ningún cambio. Antes del almuerzo le pedí que volviese a comprobar su estado, que no presentó cambio alguno. Lo mismo sucedió al final de la jornada. Sin embargo, tres días más tarde me llamó y dijo que al despertarse, su zumbido de oídos había mejorado un 80% y estaba encantada. Así que recuerda que no has de apegarte demasiado a los resultados. La consciencia pura siempre funciona, pero casi nunca de la manera en que imaginamos que lo hará.

Repaso de la sección I

- La pregunta fundamental que todos deberíamos hacernos es: «¿Cómo puedo liberarme de la necesidad de controlar?».
- El problema es que no necesitamos más, sino menos. De hecho, necesitamos menos que menos. No necesitamos nada.
- Cuando añades la idea de Nada, junto con la experiencia de la Nada, el conjunto tiene un efecto muy notable en nosotros. Elimina el sufrimiento.
- El ego está siempre tratando de añadir algo para realzar su existencia. El ego crea sufrimiento.
- El proceso de QE actúa por sustracción. Ofrece a tu mente menos y menos hasta que quede Nada.

- Eres la consciencia pura de Nada, el intervalo entre los pensamientos.
- La consciencia pura está en todas partes, a todas horas.
- Los pensamientos aparecen espontáneamente, procedentes de la consciencia pura, más allá del control de nuestra mente.
- La paz emerge cuando nos damos cuenta de que no controlamos.
- Cuando vivimos liberados del deseo de controlar, no sólo obtenemos paz interior sino que también prosperamos externamente.
- Nuestro Ser es único en toda la creación. Tiene un pie en cada mundo; el absoluto mar de pura consciencia y las expresiones multifragmentadas del Cosmos creador. Es totalmente inofensivo y completamente enriquecedor.
- Para nuestras mentes es imposible comprender tanto la consciencia pura como nuestro Ser.
- Los caminos sólo dan la ilusión de movimiento hacia la resolución del sufrimiento.
- Alcanzar una meta no puede reportar paz duradera.
- En realidad, el QE no crea ningún movimiento con la realización de la consciencia pura.
- La Eumoción es el Ser.
- La Eumoción se refleja en la mente como alegría, paz, quietud, silencio, amor ilimitado, gozo, éxtasis, etc.
- El QE es consciencia del Ser, y ancla la mente en la alegría de la Eumoción.
- La consciencia del Ser, el QE, enriquece la vida a todos los niveles.
- Cualquiera puede practicar QE. El QE es el derecho de nacimiento de todos los seres humanos.

Sección 2

La Vida Cuántica

También me han disparado flechas de odio,
pero nunca me alcanzaron, porque de alguna
manera pertenecían a otro mundo con el que
yo no tenía ninguna relación. Vivo en esa soledad
que es dolorosa en la juventud, pero deliciosa
en los años de madurez.

ALBERT EINSTEIN

Dos pájaros, compañeros inseparables,
se posan en el mismo árbol. Uno come el fruto
y el otro le observa. El primer pájaro es nuestro
yo individual, que se alimenta de los placeres y
dolores de este mundo. El otro es el Yo universal,
que lo observa todo silenciosamente.

MUNDAKA-UPANISHAD

Visión de conjunto

Aprender Quantum Entrainment (QE) es una revelación para la mayoría de las personas. Se dan cuenta de que a pesar de lo que les han estado diciendo sus padres, profesores, amigos y líderes de la sociedad civil, espirituales y políticos, no han de esforzarse mucho durante la vida para descubrir la paz y la felicidad que ansían. Por el contrario, seguir los caminos exterior o interior convencionales sólo conseguirá que el alma anhele la inocencia de la infancia. Cuando se experimenta el QE por primera vez, la mayoría de las personas se queda asombrada a causa de la simplicidad y rapidez con la que la relajación profunda y la paz se materializan en su interior y por la sanación externa que conlleva. Es precisamente en este momento cuando comprenden que siempre ha estado en su interior, esperando pacientemente a ser reconocida. Qué alegría más grande comprender finalmente que el reino de los cielos está en tu interior y que no tienes que hacer nada para alcanzarlo.

En esta sección aprenderás a disfrutar de tu recién descubierta consciencia interior mientras llevas a cabo las tareas mundanas y no tan mundanas de lo cotidiano. Aprenderás a permanecer consciente de la consciencia pura mientras viajas, comes, caminas, haces el amor, duermes y muchas cosas más. Aprenderás a curar el desequilibrio emocional en ti mismo y en otros, y a administrar el ungüento balsámico de la consciencia pura para reducir y eliminar el dolor físico y los problemas.

Al principio, mientras practicas QE empezarás a desarrollar una sensación de familiaridad. Es decir, comenzarás a sentir que la naturaleza, la gente e incluso los objetos inanimados comparten contigo el vínculo común de la consciencia. En todas partes hallarás cordialidad que se refleja de nuevo hacia ti. Tu ego se expandirá más allá de su necesidad de poder individual y podrás relajarte en el papel tanto tiempo rechazado de ser totalmente humano.

Al seguir practicando QE, tus sentidos se irán perfeccionando y sentirás que todo es más suave, como una especie de titilar poroso, como si todo estuviese vivo. Y lo está, de consciencia. Al irse perfeccionando tus sentidos hallarás alegría en los lugares más insospechados: una hoja muerta luchando por liberarse de la rama y regresar a la tierra, en los andares torpes de un sin techo al subir la acera, o en las oleadas de calor que ascienden de la capota de tu coche en pleno atasco. No hay ningún lugar del que esté ausente la consciencia pura. Cuantos más lugares descubras, más te sorprenderá encontrar a tu Ser sonriéndote.

Los siguientes capítulos de la Sección II están dispuestos en cuatro partes: Mente, Cuerpo, Relaciones y Todo lo demás. Se trata de grupos imprecisos, y ciertos solapamientos resultarán inevitables. Te sugiero que primero leas el capítulo 8, «Curar las emociones negativas». Este capítulo marca el tono y ofrece información suplementaria utilizada por los otros capítulos. Luego, puedes elegir el orden que más te interese. Te recomiendo que leas cada capítulo por entero y que a continuación practiques el ejercicio de QE. Vuelve a releer el capítulo tras unos días de aplicar QE. Eso ayudará a eliminar cualquier esfuerzo o alteraciones que pudieras haber dejado que se introdujesen inadvertidamente en tu práctica. Recuerda que el poder del QE procede de su simplicidad. Cuanto más le añades, o cuanto más piensas al respecto, menos eficaz resulta. Cuanto menos mejor; lo mejor es Nada. El esfuerzo o intentar algo son contrarios al QE. Así que la regla fundamental sería: «Si no resulta fácil y no te diviertes, no estás haciendo QE».

¿Preparado? ¿Estoy yo preparado para dejar de gesticular, pontificar y en general dejar de molestar? Bien, entonces ¿a qué esperas? Vuelve la página y abre un revelador, emocionante y nuevo capítulo en tu vida.

Capítulo **8**

Sanar las emociones negativas

Estupendo, has perdido toda esperanza.

Frank Kinslow, *Beyond Happiness*

Cuanto más trata la mente de liberarse del dolor, más aumenta éste.

Eckhart Tolle

De manera refleja, mi cabeza se volvió hacia el sonido del plato al romperse, y luego más despacio otra vez hacia la mujer de mediana edad que tenía sentada frente a mí. Estábamos sentados ante una mesita de mármol de una cafetería de moda. Era una isla de ecuanimidad ocupada por desertores de media mañana del caótico mundo que aguardaba, como un padre ansioso, justo al otro lado de las puertas de cristal.

Era una amiga que estaba de visita en Sarasota durante unas semanas para aprovechar el compasivo sol invernal. Nos habíamos estado poniendo al corriente sobre nuestras respectivas vidas. Me contó cosas de sus hijos, su empleo y los temas de salud a los que había tenido que enfrentarse. Dejó la taza sobre la mesa y cuando levantó la mirada, ésta había perdido la chispa que mostraba pocos segundos antes. Esperé. Cuando rompió su silencio, su voz sonó apagada y su talante pensativo.

Dijo con auténtica preocupación:

—Tú has dicho que para lograr paz interior, hemos de perder toda esperanza. Pero la esperanza es lo único que me queda con la diabetes. Si perdiese la esperanza, me quedaría sin nada.

—¿Y qué tendría de malo? –pregunté.

Me miró incrédula.

—Si me quedo sin nada... Perderé quién soy. Sólo pensar en ello me hace sentir vacía, abandonada.

Pareció encogerse a ojos vista, como si se recogiese en sí misma.

—Abandonar la esperanza –compartió– ¡es darse por vencida!

—Vamos a probar un pequeño experimento, ¿vale? –la animé–. Pero deberás confiar en mí y hacer exactamente lo que te diga.

Mostró cierto recelo, pero aceptó. Le pedí que cerrase los ojos. Dejó ambas manos sobre la mesa, con los dedos entrelazados y cerró los párpados. Por detrás de éstos, los ojos no dejaban de moverse, negándose a dejarse seducir por la tranquilizadora oscuridad que ahora los rodeaba.

—Abandona tu esperanza. No dejes que nada ocupe su lugar. ¿Qué sientes? –pregunté.

Al cabo de unos incómodos segundos, protestó:

—Me siento asustada... ansiosa... Me siento muy incómoda. No me gusta hacer esto.

—No te preocupes –la animé–. ¿Qué emoción predomina?

—El miedo –dijo tranquilamente.

La orienté con cuidado:

—En lugar de escapar de tu miedo, obsérvalo de cerca. Sé muy consciente de tu miedo. Y al observarlo, cambiará.

Pregunté:

—¿Qué le sucede a tu miedo ahora que lo observas?

—Al principio se volvió más intenso. Quise abrir los ojos —contestó—. Ahora es una sombra pálida. Es como si mi atención fuese el sol ¡y el miedo se desvaneciese como niebla!

—Continúa, continúa observando el miedo —la animé.

Unos momentos más tarde percibí un cambio en su respiración y pregunté:

—¿Qué ves ahora?

—Nada —contestó ella.

—¿Te da miedo? —pregunté.

—No, no siento nada —volvió a repetir.

—Pon mucha atención a esa nada, igual que has hecho con el miedo. ¿Qué sientes? —pregunté.

—Me siento totalmente en paz —contestó con cierta sorpresa.

Su cuerpo estaba relajado y su rostro iluminado. Los párpados habían dejado de moverse trémulamente y los ojos descansaban. Encontrarían lo que andaban buscando.

Le pedí que abriese los ojos y cuando lo hizo, sus labios se abrieron, dibujando una enorme y espontánea sonrisa.

—¿Qué me ha pasado? —preguntó.

El miedo es la sombra que crea otras sombras como ansiedad, pavor y arrepentimiento. Las sombras se vuelven más oscuras en el subconsciente, donde la mente consciente se aparta de ellas. La esperanza hace que la mente se aparte del presente, donde radica la paz, y la seduce para que more en el futuro. La esperanza, como el futuro, es una ilusión. La esperanza, como la felicidad, es condicional. La paz es incondicional y está siempre presente. Incondicional significa que está libre de cosas, ideas y emociones; libre de la agonía de los opuestos como correcto y erróneo, nacimiento y muerte. La Nada también es incondicional y está libre de opuestos. La Nada es la progenitora de la paz. Realmente no tememos a la nada. Lo que tememos es la *idea* de la nada. La paz es la pantalla de la película en la que se mueven esas sombras para crear la ilusión de la vida. Tras una inspección sosegada verás, a través del fantasma del miedo, y su descendencia espectral, la paz que irradia justo por detrás. La paz siempre ocupa el telón de fondo, como una madre cariñosa que observa cómo juegan sus hijos.

Hablamos de muchas cosas esa mañana y el momento de separarnos llegó en seguida. Nos pusimos en pie y miramos alrededor, al café que seguía atestado.

Le dije:

—Todavía tienes diabetes, pero sin esperanza. Ahora estarás en paz con ella.

Mi amiga me dedicó una gran sonrisa y me dio un abrazo todavía más grande. Luego nos dimos la vuelta y salimos a abrazar el caos del exterior.

Incluso en un restaurante atestado un novato puede hacerse consciente de la consciencia pura. ¿Por qué? Porque es el estado de ser más natural para un ser humano. ¿Te dice eso algo acerca de la manera en que la mayoría de nosotros vivimos nuestras vidas? Nos hemos extraviado, pero la consciencia pura es un faro que irradia paz desde todas las cosas creadas.

En la conversación de aquella cafetería, el faro era el miedo. El miedo es paz. Sí, sí, lo estás leyendo bien. La paz reside en el interior de todas las emociones, negativas o positivas. Lo que hacemos normalmente es apartarnos de la negatividad y buscar alivio en lo positivo. Esa es la naturaleza de la vida. Sin embargo, cuando nos apartamos de una emoción negativa como miedo, rabia, pesar, ansiedad o culpabilidad, en realidad no hacemos sino aumentar la intensidad y duración de esa emoción. Ya sé que no parece intuitivo, pero si lo que queremos es liberar una emoción destructiva, no debemos ignorarla ni huir de ella. Por el contrario, tampoco queremos declararle la guerra. Eso sólo reafirmaría la emoción, proporcionándole un refugio durante años.

Así pues, ¿qué hacemos? ¿Cómo podemos neutralizar el poder negativo que ejercen las emociones en nosotros? Con una simple genialidad podemos desinflar la influencia negativa de las emociones, igual que si dejásemos escapar el aire de un globo. Ni nos apartamos, ni les declaramos la guerra. Adoptamos una postura neutral de observación, pero con una importante diferencia. Lo observamos desde la seguridad del Ser. Envueltos en una manta de dicha, nuestras psiques están a salvo de los traumas emocionales. Ninguna negatividad puede penetrar en la mente que está totalmente asentada en el Ser. Es imposible. ¿Lo dudas? Bien, entonces, hagamos una prueba.

Siéntate cómodamente en una silla y cierra los ojos. Si en tu vida hay un gran trauma emocional, tal vez valdría la pena elegir un problema menor para esta ocasión. Podrás dedicarte a los más graves dentro de poco tiempo y te encantará.

Muy bien, acerca la situación, el recuerdo o la emoción negativa a tu mente. Puede tratarse de algo reciente o de la infancia, en realidad no importa. Pon atención a la(s) emoción(es) conectada(s) a la situación. Permite que cobren toda la intensidad que quieran en tu mente y cuando alcancen ese nivel, clasifícalas en una escala del 1 al 10, siendo el 10 algo absolutamente insoportable. Una vez que obtengas un número que represente la fuerza de la emoción, deja que el recuerdo desaparezca.

Ahora haz Quantum Entrainment (QE). Observa tus pensamientos con una sencilla inocencia, tal y como aprendiste a hacer en la primera sección del libro. Recuerda que las emociones son pensamientos. Observa tus pensamientos-emociones a medida que se van sosegando y empiezan a perder intensidad. Obsérvalos desaparecer por completo, dando paso a tu Eumoción. Identifica conscientemente la Eumoción y obsérvala mientras vuelve a transformarse en pensamientos, en otra Eumoción o desaparece. Permanece así durante uno, dos o tres minutos. Sabrás cuándo detenerte. Luego vuelve a pensar en el hecho o recuerdo emocional doloroso —el mismo que antes— y clasifícalo entre 1 y 10. Descubrirás que la influencia negativa de la memoria ha reducido su intensidad en gran medida o ¡ha desaparecido por completo! La respuesta más frecuente es: «Ni siquiera puedo plantearme la emoción vinculada a este recuerdo».

Las emociones negativas son sombras que cobran intensidad en tu mente cuando luchas contra ellas o te alejas de ellas. El QE es como contar con una luz con regulador. Al encender la luz en una habitación oscura, las sombras se mitigan y desaparecen. Cuando la luz de la consciencia pura aumenta en la mente, las emociones perjudiciales se disipan como los espectros inofensivos que son. Una mente QE se vuelve luz, ligera y llena de alegría.

Estallidos de cólera

Claro está, hemos neutralizado emociones perjudiciales aisladas en un entorno seguro. ¿Pero qué sucede cuando las emociones como la cólera se hacen con el control y nos llevan por delante? Los practicantes de QE son humanos. De hecho, son más humanos que antes de que se reuniesen con su Ser. Ser humano significa experimentar todo el abanico de emociones mientras se es consciente del Ser.

«Pero —dirás—, ¿no entra eso en conflicto? ¿Cómo puedes ser consciente del Ser y estar colérico o triste al mismo tiempo?».

Buena pregunta. ¿Recuerdas nuestra conversación sobre el santo de andares lentos y voz sosegada, que es únicamente una parte de la santidad? Los santos vienen en todo tipo de envoltorios, igual que los irrealizadores del Ser (no creo que sea esa la palabra, pero ya sabes lo que quiero decir). Empieza a considerarte como un santo al menos mientras eres consciente del Ser. Cuando eres consciente del Ser, eres santo, así que no intentes disuadirte de ello.

Cuando eres totalmente consciente del Ser, te das cuenta de que sigues teniendo emociones —preferencias, gustos y aversiones y deseos— pero son como puntos luminosos en la pantalla de un radar; ondas en el océano de pura consciencia. La cuestión es qué hacer cuando olvidas momentáneamente tu Ser y te supera una emoción como la tristeza o la cólera.

¿Qué puedes hacer si la cólera te lleva por delante? Nada. Si te tiene atrapado, no podrás hacer nada hasta que afloje un poco. Si intentas detener la cólera o sentirte culpable por ello no harás sino empeorar las cosas, pues no pueden detenerse esas emociones cuando están en plena explosión.

Cuando te supere una emoción de cualquier tipo, no luches contra ella... Obsérvala. Las ruedas de la cólera, la ansiedad y el remordimiento giran enérgicamente, pero la observación pura ralentizará esas ruedas con más rapidez que cualquier otra cosa que pudieras hacer. Es como estar atrapado en medio de una tormenta. Mantente donde estás, observando, a la espera de que se abra un claro entre las nubes. Luego, cuando las nubes de la tormenta emocional empiecen a aclararse, podrás volver a hacer QE y las nubes emocionales se disiparán como niebla al sol del mediodía.

Practicar QE con asiduidad reducirá enormemente la intensidad y la frecuencia de los traumas emocionales. Con el tiempo, tú también –igual que el Dalai Lama– descubrirás que las oleadas coléricas de una tormenta emocional no son más que ondas en un estanque tranquilo.

Ayudar a los demás

Te sorprenderás cuando apliques QE a otros que se sienten mal emocionalmente. El QE saca la emoción del trauma, dejando únicamente un impulso impotente para señalar allí donde el sufrimiento prosperó antaño. Así es como empleas el QE para ayudar a otras personas con desequilibrios emocionales.

Igual que hiciste contigo mismo, el receptor deberá cerrar los ojos, intensificando la emoción todo lo que pueda, y la clasificará entre 1 y 10. Permanece de pie o siéntate durante el proceso, lo que prefieras. A continuación coloca tus manos sobre el receptor. No importa si pones las manos o si usas las yemas de los dedos, las palmas o el dorso. A mí me gusta utilizar las palmas y los dedos. También me gusta colocar las manos sobre el cuello, la zona lumbar, la frente y la parte superior del tórax del receptor. La única razón para esto es que se trata de un hábito personal mío que no influye en absoluto en la eficacia de la sanación. Practica QE emocional de manera que resulte cómodo para ti y para el receptor. Hazlo durante 2-5 minutos y luego deja que el receptor descanse. Si trabajas con un receptor a distancia, avísale de que debe descansar cuando salga de la sesión.

El QE emocional es especialmente eficaz cuando se utiliza el QE ampliado. Aumenta el tiempo de la sesión de QE y asegúrate de dar al receptor más tiempo para que realice la transición desde la profunda calma del QE al mundo febril al que retornará.

Unas palabras sobre la intención

Últimamente se ha despertado mucho interés acerca de la intención, sobre todo en las técnicas curativas energéticas. Algunas inciden en que la intención es de vital importancia y que por lo tanto debería ser muy precisa. Otras afirman que debería afirmarse sin temor o con mucho amor. Con las intenciones pueden surgir muchas reglas y restricciones. Llega un momento en que hay tantas reglas que regulan la manera en que hay que encuadrar la intención, que uno empieza a sentir una especie de ansiedad acerca de si lo estará haciendo bien. También parece que cuanto más depende una técnica de sanación del control, más precisa debe ser la intención. Por ejemplo, si quieres una casa nueva, podrían pedirte que imaginaras la casa que quieres, hasta el mínimo detalle, desde el color de los interruptores de la luz hasta el chirrido de la cancela del jardín.

Quienes utilizan técnicas que emplean la intención suelen preguntarme de qué manera habría que estructurar la intención del QE. La respuesta es muy sencilla: la intención está implícita. Eso significa que tú o tu receptor suministraréis la intención simplemente sabiendo qué necesidades hay que ordenar. Cuando el receptor llega y nos dice: «Me duele la rodilla», resulta bastante evidente para todo el mundo que lo que hace falta es eliminar ese dolor. Esa es la intención: sencilla, corta y modesta. Puede no ser más que un pensamiento fugaz, como: «Eliminar el dolor».

Como el QE no es una técnica de sanación energética, no tenemos que preocuparnos demasiado de la intención. De hecho, ni siquiera tenemos que conocer el problema que acosa al receptor. Eso resulta sobre todo evidente cuando trabajamos emocionalmente con el QE.

El QE no es una técnica energética, pero produce energía; de otro modo, no se produciría la sanación, ni habría mejoras en nuestra economía, ni en las relaciones. La cuestión es que el practicante de QE no actúa al nivel energético. De hecho, no trabaja a ningún nivel una vez que se inicia el proceso del QE.

Cuando quieres preparar un viaje a una ciudad desconocida, has de ser muy preciso. Debes preparar el viaje tú mismo, asegurándote de que dispones de la suficiente gasolina y que el coche funciona bien. Cuando inicias el viaje, has de tener en cuenta el tiempo, el clima, el tráfico, las señales y límites, todo ello mientras conduces por un paraje desconocido. O bien puedes alquilar un taxi mientras te sientas bien cómodo y disfrutes del viaje. La consciencia pura es nuestro taxi. Sabe adónde queremos ir y cómo llevarnos de la mejor manera.

Capítulo 9

Creatividad y superación de bloqueos creativos

Mucha gente creerá que piensan cuando no están más que reorganizando sus prejuicios.

WILLIAM JAMES

Nuestro grado de desconocimiento acerca de nuestro destino es como el de una hoja de té acerca del destino de la Compañía de las Indias Orientales.

DOUGLAS ADAMS

¿Alguien tiene alguna idea acerca de dónde proceden las ideas? ¿Una sugerencia? Las ideas son pensamientos, ¿no? Y los pensamientos vienen de... la consciencia pura. Así que eso significa que las ideas proceden de la consciencia pura. Las ideas son una forma de creatividad y por ello, necesariamente, deben proceder del origen de toda creación. Resulta lógico pensar que si queremos ser más creativos, sería conveniente acercarse a la consciencia pura.

Por raro que suene al principio, menos acción (descanso) es el trampolín de toda acción. Observamos el funcionamiento de ese principio a nuestro alrededor, pero por lo general sólo nos fijamos en la parte de la acción. Por ejemplo, dormimos y luego llevamos a cabo alguna actividad. Nuestros corazones laten tras una fase de descanso, los ojos parpadean y se abren, y tiene lugar una pausa entre cada inspiración y espiración. La tierra descansa en invierno, y me pregunto si el universo en expansión se invertirá a sí mismo algún día, contrayéndose de nuevo en una consciencia completa y absoluta.

También resulta aparente otro principio de descanso y actividad: cuanto más profundo el descanso, más dinámica la actividad. El ejemplo más obvio es dormir. Cuando el sueño es superficial e inquieto, a la mañana siguiente no estamos en nuestra mejor forma. También podemos interpretar este principio en términos de dirección diciendo que cuando deseamos ejercer influencia en una dirección, debemos empezar yendo en dirección contraria. Por lo general, no nos planteamos la vida de ese modo, pero una inspección de lo más simple nos revelará que es evidente.

Si, por ejemplo, quieres levantarte de la silla en la que te has sentado, ¿qué es lo primero que haces? Empujar hacia abajo con las manos y los pies a fin de incorporarte, ¿no? Si quieres construir un rascacielos, primero hay que cavar un hoyo. Si quieres clavar un clavo, primero llevas el martillo en dirección contraria para tomar impulso. Si quieres disparar una flecha a una diana, primero debes estirar la cuerda del arco en dirección contraria.

Si quieres construir un rascacielos todavía más alto, clavar más un clavo o disparar una flecha más lejos, entonces debes cavar un agujero más profundo, levantar más el martillo y tirar de la cuerda del arco todavía más hacia atrás. Puedes imaginar lo que le sucedería a un edificio de 20 plantas si los cimientos tuvieran sólo una profundidad de tres metros.

La consciencia pura es el descanso más profundo que puedes alcanzar. Ser consciente de la consciencia pura te permitirá la actividad más dinámica. La consciencia pura también se encuentra en la dirección contraria de toda actividad. Recuerda que la consciencia pura es una «in-actividad», de manera que siempre es menor que cualquier actividad que lleves a cabo. El descanso más profundo y la actividad más dinámica proceden de ser consciente de la consciencia pura.

Todo esto resulta bastante obvio e intuitivo, pero parece que hemos pasado por alto totalmente el principio cuando tratamos de la creatividad. Nuestras mentes avanzan resoplando de una manera muy activa. Disparamos un pensamiento tras otro, día tras día, año tras año, hasta que el cuerpo-mente finalmente se disuelve de nuevo en el océano de consciencia del que nació. Durante todas nuestras vidas dedicamos muy poca atención y menos veneración por la consciencia pura y su papel en la creatividad, aunque la creación y la creatividad no existan sin ella.

Nos hacemos más creativos de la misma manera que disparamos una flecha. Cuando disparamos una flecha, la estiramos hacia atrás, atrás, atrás, hasta que no se puede más, y descansamos. En ese momento, la flecha es «in-móvil», pero está repleta de potencial. Ahora bien, ¿qué tiene que hacer el arquero para conseguir que la flecha alcance la diana? Lo único que tiene que hacer es apuntar y relajarse. Una vez que ha estirado todo lo posible la flecha, ya en la posición de descanso, y apuntando bien, todas las fuerzas de la física se concentran para colaborar en su vuelo infalible hasta el corazón de la diana.

Las ideas creativas surgen de la consciencia de una mente que se siente atraída y descansa por completo en la consciencia pura. La consciencia de una mente caótica se siente algo atraída y por lo tanto el pensamiento y la actividad resultante son débiles. No debemos buscar muy lejos para comprobar lo absurdos, irracionales y dañinos que son nuestros actos. Actuar a partir de una mente caótica es como tensar un arco un poco y soltar la flecha. Ésta caerá patéticamente a los pies de un arquero tan inútil.

Mi amigo Don y yo asistimos en una ocasión a una clase de tiro con arco en la universidad. Él tuvo bastantes problemas con todas las capacidades motoras que el tiro con arco exigía. El instructor, que era un veterano entrenador de baloncesto, tenía poca paciencia con la gente que no demostraba tener al menos una capacidad deportiva mínima. No hacía más que señalar las incapacidades de Don al resto de la clase, a veces bramando y moviendo los brazos, como si estuviese a mitad de temporada en una pista de baloncesto.

Un día, el instructor parecía estar especialmente alterado y nos presionó a todos para que nuestra precisión fuese perfecta. La mayoría de nosotros sólo consiguió que sus flechas se clavasen en la tierra cercana a las dianas, y sólo unos cuantos con suerte llegaron a dar en la diana con una flecha. Don se sentía especialmente decidido ese día, dispuesto a conseguir que el instructor se sintiese orgulloso de él, y pretendía lanzar una de sus flechas al centro de la diana. Respiró hondo y tensó el arco, conteniendo la respiración, con los brazos temblando como las patas de un ternero recién nacido. El resto de nosotros permanecimos observando con cansancio, a cierta distancia, mientras Don apuntaba y soltaba la flecha. Por desgracia, la flecha cayó impotente a sus pies, justo por delante de él. El instructor, con el rostro desencajado y los ojos fuera de las órbitas, levantó los brazos al cielo y salió del campo de tiro dando grandes zancadas. Todos agradecimos que el arquero inútil desviase la cólera del instructor, y consiguiera que ese día saliésemos antes de clase.

Me gustaría sacar una conclusión profunda o sobresaliente de este relato, pero no se me ocurre. Simplemente estaba escribiendo sobre el tiro con arco cuando surgió ese recuerdo y el pensamiento de compartirlo contigo. Bien, dejemos a Don, su arco y la flecha en el campo de tiro y volvamos al tema de la creatividad.

Toda esta charla sobre ideas y pensamiento débil, y acerca de ir en dirección contraria para encontrar satisfacción, está muy bien, ¿pero tiene alguna utilidad práctica? ¡Pues sí! Podemos ser más creativos, o en realidad permitir que la creatividad fluya a través de nosotros con más facilidad, cuando somos conscientes de la consciencia pura. Por fortuna, ya sabemos cómo hacerlo. Unos pocos retoques no vendrán mal. Veamos cómo insuflar más creatividad a nuestras vidas.

Cómo plantar la semilla de la creatividad

Se trata de un procedimiento bastante breve, así que ni siquiera pestañees. Pero lo que sí puedes hacer es sentarte cómodamente con los ojos cerrados. Repasa todos los puntos importantes incluidos en la situación antes de empezar con el Quantum Entrainment (QE). Por ejemplo, si tienes bloqueo de escritor, no puedes encontrar el color adecuado para tu pintura o bien no te salen las notas musicales que te faltan para tu opus a medio componer, deja que tu mente supere eso que interpretas como fracaso. Observa claramente dónde estás bloqueado y luego suéltalo.

A continuación siéntate y practica QE. Observa tus pensamientos mientras se perfeccionan y finalmente desaparecen para ser sustituidos por tu Eumoción. Continúa observando la

Eumoción y se hará más intensa. Luego, mientras estás totalmente envuelto en la Eumoción, piensa en lo que quieres crear. Produce una única y simple intención, imagen o idea y luego retrocede para observar lo que sucede. Por ejemplo: «Opus completo», o: «Cuadro lleno de color». ¡Basta con una vez! No enturbies las aguas transparentes de la consciencia pura. Una intención única y sutil, mientras eres totalmente consciente del Ser, es lo único que necesitas. A continuación, observa y espera.

Sucederá una de estas dos cosas. O bien se presenta la solución de inmediato o bien se fastidia y no pasa nada. Si no recibes una respuesta de inmediato, permanece en esa integridad un poco más de tiempo, si te apetece. Contrariamente a los que consideran que la creatividad nace del sufrimiento, lo cierto es que la creatividad florece en la integridad del Ser. Si resulta que a pesar de todo quieres probar, podrías cortarte una oreja, así al menos podrías hacer QE de camino a Urgencias.

Como la creatividad fluye del Ser, tómate el tiempo necesario para conocer tu Ser. El incremento de la creatividad es mucho más efectivo cuando se realiza QE ampliado. Cinco, diez o incluso veinte minutos, irán muy bien. Con los tiempos ampliados no es necesario repetir la intención, pero descubrirás a tu mente examinando perezosa el problema desde ángulos distintos. No inicies ese proceso de examen. Deja que tome su propio rumbo. No interfieras: sólo observa. La solución podría presentarse lentamente, pero casi siempre se revela en un destello intuitivo y casi nunca cuándo y dónde uno espera.

Si la creatividad no llega de inmediato, el pensamiento semilla que echaste al mar de la consciencia pura mientras flotabas en tu Eumoción, sigue germinando. Está organizando, reuniendo todas las fuerzas de la creación alrededor de tus preocupaciones. La respuesta está llegando; limítate a esperar y observar, pasando el tiempo con tu Eumoción. Si no llega en esta sesión, tómate un descanso y realiza otra sesión más tarde.

Es un método infalible para reavivar los mecanismos creativos, pero al principio podría requerir de cierto tiempo, sobre todo porque tu mente no deja de intentar conseguir que algo suceda. Puedo garantizarte que la respuesta llegará, pero nunca como la esperabas, así que no te preocupes y aguanta. Si tu respuesta llegó tal y cómo esperabas, en realidad tampoco has creado nada, ¿no? Así que una vez que siembres tu petición en el fértil terreno de la consciencia, no vuelvas a preocuparte de eso. Comprobar continuamente la intención es como desenterrar diariamente una semilla para ver si germina. Si no dejas de molestarla nunca crecerá. Limítate a sentarte de nuevo y a disfrutar de la delicia de un día en el océano del gozo.

¿Cuándo llegará la creatividad? A veces llega mezclada con la luz del reconocimiento, de inmediato, a veces a última hora del día o al día siguiente. Cuando aprendas a no buscar una respuesta, ésta llegará casi de inmediato.

Cuando escribo, a menudo me quedo bloqueado buscando una palabra o cómo puedo exponer un concepto en un lenguaje práctico y comprensible. En la mayoría de las ocasiones me descubro mirando momentáneamente a otro lugar que no es la pantalla del ordenador. Descubro mi Eumoción mientras espero pacientemente y la palabra, el concepto o la respuesta llegan fácilmente.

Por ejemplo, toda esta cuestión de los pensamientos, que son como flechas que deben ser devueltas a la consciencia surgió espontáneamente de una breve mirada lateral a la nada, mientras el engranaje del pensamiento se detenía. El pensamiento semilla: «¿Cómo explico lo que sucede en la mente utilizando la analogía del tiro con arco?». Casi de inmediato percibí los pensamientos como flechas disparadas desde la consciencia pura, cada una de ellas alcanzando el centro de la diana. Tiempo total entre pensarlo y aparecer: cuatro segundos.

En muchas ocasiones —sobre todo cuando estoy mentalmente cansado de escribir y tengo la espalda un tanto rígida al cabo de horas de estar sentado— camino arrastrando los pies por la sala de estar para alcanzar el sofá y tumbarme. A veces me quedo allí menos de un minuto, que es lo que pueden tardar en encajar perfectamente las piezas del rompecabezas, y regreso animado al ordenador, deseando transformar el concepto en palabras. El único problema con esa resolución tan rápida es que justo cuando empezaba a descansar la espalda, tengo que volver al asiento.

En una ocasión se me resistía un concepto especialmente enrevesado y permanecí demasiado tiempo delante del ordenador antes de decidir hacerlo por la vía fácil y recorrer la distancia hasta el sofá. Me tumbé con pesadumbre, buscando tanto el alivio físico como una solución a mi problema. Cuando me tumbé, deseoso de poder estar ahí al menos unos cuantos minutos, me levanté de inmediato y regresé al teclado porque se me acababa de ocurrir la solución. Mi ego se ha acostumbrado a ser relevado del control consciente y lo cierto es que ahora disfruta de las ventajas de la pura observación.

Cuándo sembrar la semilla de la creatividad

La mente activa planta semillas durante todo el día. Las llamamos deseos. Si escuchas lo suficiente a tu cháchara mental, la descubrirás repleta de juicios de valor y deseos. Al nivel más superficial y débil de la mente consciente, muchos pensamientos están dirigidos a lo que queremos y a cómo conseguirlo. Es así porque a ese nivel estamos aislados de la consciencia de la pura consciencia, y buscamos fuera la satisfacción, en cosas, personas, acontecimientos e ideas. Por muy intenso que sea el deseo a este nivel, la acción será débil y la satisfacción del deseo no se consumará. O bien se realizará sólo tras mucho esfuerzo y fuerza de voluntad.

La mente asentada en la consciencia pura tiene escasos deseos, aparte de los que nos benefician a todos. La palabra deseo es, realmente, muy fuerte. Esos impulsos se parecen más a preferencias. En lugar de sentir: «Lo que me gustaría de verdad es tener ese deportivo rojo», la mente asentada pensaría: «Qué bonito», y sería capaz de disfrutarlo en lo que es, sin necesidad de poseerlo. Ese enfoque nos ahorra pagar letras, combustible y el seguro. Así que en realidad, muchos de los intensos deseos que tiene la mente activa pueden satisfacerse simplemente deslizándose por debajo de las oleadas de caótica actividad mental y morando en las profundidades de la consciencia pura.

Si eres de los que disfrutan con actividades artísticas como pintura, música, escribir o bailar, ya estarás familiarizado con lo que se llama estar en la «zona». Con el QE puedes superar esas frustrantes ocasiones en que tu arte sufre de menor flujo creativo. En la escritura, eso se llama bloqueo del escritor. Yo nunca lo he padecido. A veces me pasa cuando intento decir algo o no tengo ganas de escribir, pero en cuanto me siento, escribo. ¿Por qué? Permito el fluir del contenido desde la pura consciencia a través de mi Eumoción y luego «yo» registro lo que está ahí. Si te hallas en un bajón creativo, practica QE a diario y a menudo, y luego sé más activo de lo habitual. Camina o vete a bailar y luego siéntate en silencio y practica QE. Te sorprenderá la facilidad con que empezará a fluir la creatividad en ti.

Si trabajas en un problema matemático o de ingeniería, la mecánica de la creatividad es la misma. Familiarízate con las características del problema y luego déjaselo al orden tranquilo de la Eumoción. Los anales de la ciencia y la tecnología están repletos de ejemplos de descubrimientos realizados por individuos que hallaron soluciones a sus problemas mientras soñaban despiertos o nada más dormirse. Como en el caso de Friedrich Kekule, el descubridor del anillo bencénico, que llevaba meses intentando resolver su estructura molecular. Finalmente tiró la toalla y se sentó agotado en su silla delante de la chimenea de la sala de estar. Con su mente, ahora liberada del esfuerzo impuesto, observaba las llamas, enroscándose y lamiendo los troncos que crepitaban. Entonces, en ese estado de silencio, le llegó la respuesta. Observó cómo una de las llamas se rizaba sobre sí misma, como una serpiente tragándose su propia cola. «Ajá —pensó Kekule—. El benceno es un anillo». Y así era.

Fue en su mente sosegada, asentada en una calma ordenada, donde tomó forma la respuesta y se abrió camino en la desinteresada consciencia de Kekule. Tuvo suerte de estar sentado frente a la chimenea en esas circunstancias. Pero tú tienes mucha más suerte. Tienes el QE. Puedes visitar la consciencia pura y revolcarte en la totalidad de la Eumoción mientras las fuerzas de la vida se apresuran a cumplir tus órdenes.

Así que recuerda: cuando te enfrentes a un problema difícil de cualquier tipo, repasa el problema, y luego haz QE. Cuando seas consciente de tu Eumoción, intenta, sin forzar, que la respuesta esté disponible y luego espera desinteresado en esa integridad, a que la respuesta aparezca.

Ayudar a los demás

Si hay otras personas que atraviesan crisis creativas, puedes ayudarlas. No tienes más que hacer que piensen en lo que quieren lograr y luego tú haces QE. El cuadro hipotético más beneficioso sería una sesión de QE ampliado a distancia, pero eso depende totalmente de las circunstancias personales. A distancia o no, el QE ampliado probablemente sería la forma más rápida de que regresase una creatividad sin restricciones. Asimismo notarás que la tuya también se abre.

2ª parte - EL CUERPO

Capítulo 10

Curar el dolor físico

La necesidad actual no es la heroicidad sino la curación.

WARREN G. HARDING

En cualquier momento dado, tu salud es la suma total de
todos los impulsos, positivos y negativos, que emanan de tu consciencia.

DEEPAK CHOPRA

Ser capaz de sanar el cuerpo sin nada más que consciencia pura y un contacto suave podría sonar a ciencia ficción pero es una certeza absoluta que está, literalmente, al alcance de tu mano. El Quantum Entrainment (QE) es una apasionante innovación de la consciencia humana que estimula una sanación rápida y profunda en cuestión de segundos o minutos. Si eres entrenador deportivo, fisioterapeuta, masajista o desempeñas cualquier tipo de profesión relacionada con prácticas tradicionales con las manos, prepárate para asombrarte. Si eres médico, osteópata, quiropráctico, acupuntor, auxiliar de enfermería o practicante de cualquiera de las artes curativas, prepárate para asombrarte. Si eres perito de seguros, policía, madre trabajadora, o cualquier otra cosa, prepárate para asombrarte. ¿Por qué? Porque el QE es asombroso.

¿Por qué es asombroso el QE? Porque creemos a nuestros profesores, padres y semejantes cuando nos dicen que la vida es restrictiva. El proceso del QE ha abierto una brecha en la armadura de ignorancia que se nos impuso sobre nuestras imaginaciones. La capacidad de sanar en profundidad y con intención siempre ha sido algo que nos ha pertenecido. Pero nos enseñaron otra cosa. El QE abre un nuevo camino de pensamiento. O dicho con más precisión, una nueva manera de ser, pues todas las cosas son posibles si somos conscientes. La prueba del pastel, dicen, radica en comérselo. Y no hay otro lugar donde pueda reconocerse más en profundidad la consciencia sanadora que en el cuerpo humano.

Tú ya eres humano, así que ya cuentas con el «equipo» para curar enfermedades físicas. El equipo al que me refiero es la capacidad de ser consciente de la consciencia pura. Todos los seres humanos disponen de esa consciencia, pero tú tienes algo más que te permitirá sanar ahora mismo. Tú ya conoces el QE. Y en pocos minutos, con la ayuda de unos cuantos indicadores, podrás sanar tobillos torcidos, dolores de cabeza, dolores de espalda, codo de tenista y dedos de los pies aplastados. Estás limitado únicamente por tu imaginación.

Antes de que empecemos, orientémonos hacia lo que realmente sucede cuando hablo de que «curas». Cuando realizas QE y eliminas los síntomas de la ciática o reduces la hinchazón de una rodilla torcida, en realidad no estás curando. Estás haciendo QE y la curación se produce en su totalidad sin tu implicación. Esa es la única manera en que actúa, así que no empieces a sacar pecho y cogerte los tirantes. Las personas en quienes desarrollas actos de sanación querrán decir que eres un gran sanador, pero no se lo permitas. Tú eres Nada, y ese es el mejor cumplido que se le puede hacer a un ser humano. Nos hemos arrogado el mérito de la sanación durante siglos y ya ves adónde nos ha conducido. Así que sal de tu cabeza y quítate de en medio. Haz QE y deja que los trocitos curativos caigan allá donde deban hacerlo.

Este es un ejemplo acerca de lo fácil que es aprender QE y de lo eficaz que puede llegar a ser incluso la primera vez que lo utilices. Rick cuenta su historia:

Poco después de oír hablar del QE me di cuenta de que una de mis vértebras cervicales (C3 o C4) estaba claramente desalineada. Notaba como si la apófisis transversa se extendiese por encima de mi hombro derecho. Además de eso, también sentía un pronunciado vértigo mientras reposaba tendido de espaldas y giraba la cabeza a la izquierda. Era tan intenso que me daba la impresión de que me iba a desmayar. Me preocupaba que nadie me encontrase si se daba esa circunstancia

Descargué el libro electrónico y me utilicé a mí mismo como receptor. Situé los dedos índices sobre los lugares recomendados, con la intención «vértebras cervicales perfectamente alineadas, y libre de vértigo». Hice QE durante un par de minutos y luego paré. Esa noche, antes de acostarme, me palpé y me sorprendí al percibir que mis vértebras estaban aparentemente mucho más centradas. Cuando me desperté, a la mañana siguiente, volví a hacer una comprobación mientras seguía tendido en la cama. Mis vértebras cervicales estaban completamente alineadas, pero al girar la cabeza a la izquierda seguía sintiendo vértigo. No obstante, ahora era muy consciente de un punto muy doloroso en la base del cráneo, por detrás de la oreja izquierda. De alguna manera, instintivamente supe que ese era el origen de mi vértigo. Hice QE en ese punto y desde entonces no he vuelto a sentir ningún vértigo.

He hecho QE con varios amigos y me complació enormemente comprobar lo efectivo que puede llegar a ser. También he tenido éxito con mi hija, a distancia, para una migraña que tuvo.

La experiencia de Rick no es nada inusual. Recibo relatos parecidos de todas las partes del mundo. Lo más increíble es que esa potente cuña contra el dolor es tan connatural a la condición humana que puede aprenderse de un libro electrónico.

Me gustaría decir algo acerca de practicar QE sobre uno mismo. Algunas personas han tenido menos éxito al practicar QE para sus propios problemas que para los males ajenos. La razón es que es más difícil apartarse y permitir que el Ser haga su labor cuando se trabaja en uno mismo. Lo que inevitablemente sucede cuando aplicamos QE a nuestras propias dolencias físicas es que no dejamos de comprobar si funciona. ¿Recuerdas la analogía de la semilla? La semilla nunca crecerá si no dejas de escarbar para comprobar si germina, y tú no te curarás si sigues buscando resultados. Limítate a hacer QE y aléjate mentalmente de todo ello. Rick hizo QE en su vértebra y luego se durmió. No es posible alejarse mentalmente mucho más de otra manera.

Si quieres producir un acto de sanación en alguien, simplemente has de situar tu consciencia en la dirección deseada y apretar el gatillo de la consciencia pura. Digamos que llamas a una amiga y le preguntas si quiere ir a jugar al tenis. Y ella dice que no puede porque se torció un tobillo al bajar la acera. Y entonces le contestas: «Ahora mismo voy».

Cuando llegas, ella está sentada con el tobillo descansando en un cojín colocado sobre una banqueta. El tobillo se ve hinchado y magullado. Le pides que se incorpore e intente caminar para así comprobar la intensidad de la lesión. Se levanta y hace equilibrios sobre la pierna buena para poder estar de pie. Apoyándose en tu hombro, apoya el talón de su pie fastidiado en el suelo e intenta poner algo de peso en él. Aúlla y pega un respingo de dolor, mirándote como si estuvieses loco por pedirle que ande con ese pie. Vuelve a sentarse con un suspiro resignado y una mirada de derrota. Y de nuevo reposa el tobillo sobre la banqueta con el cojín.

Sacas otra banqueta y te sientas junto al tobillo lesionado, rodeándolo suavemente con tus manos y dedos y... ¿Qué? Dímelo. Ahora ya sabes. Haz QE exactamente como aprendiste en la primera sección de este libro. Eso es, eso es todo. Fin de la historia.

Con las manos en el mismo sitio, encuentra tus pensamientos y obsérvalos hasta que vayan disipándose y se detengan. Luego tu Eumoción emergerá en la consciencia. Sé consciente de la Eumoción, o de los pensamientos, la Nada de la consciencia pura, lo que se manifieste en tu mente. La curación tendrá lugar mientras tanto. Así es; en cuestión de minutos, sentirás que la hinchazón va desapareciendo bajo tus dedos y que el moratón empieza a perder intensidad. Mientras continúas observando la Eumoción, tu amiga podría sentir un recrudecimiento de los síntomas. Podría aumentar el dolor y la palpitación durante un rato, pero pronto darán paso al alivio. Te dirá que el dolor palpitante casi ha desaparecido. Intentará hacer girar el tobillo y una mirada de sorpresa abrirá más sus ojos, mientras exclama: «Puedo moverlo sin que me duela. ¡Fíjate, la hinchazón ha desaparecido!».

Entonces tú le pides que vuelva a incorporarse e intente andar con ese pie. Te lanza una mirada de incredulidad que desaparece con rapidez mientras gira el tobillo sin que le duela. Le ayudas a sostenerse y ella vuelve a posar el talón en el suelo, incrementando un poco la presión, y luego apoya todo el pie. A continuación descansa el peso en el pie y empieza a andar. Puede decirse que camina casi con normalidad.

Le dices que la curación continuará a lo largo del día o los dos días siguientes, por sí sola, y que use el pie todo lo que crea conveniente. Todavía no puede jugar al tenis, pero te dice que te invita a cenar y os vais a comer sushi.

El tobillo de tu amiga curará con gran rapidez con una única sesión de QE, pero podrías realizar sesiones posteriores y la curación sería más rápida y más profunda. ¿Tuviste que ir corriendo a su casa para hacer QE? Desde luego que no, porque sabes hacer QE a distancia. El QE funciona igual de bien a grandes distancias que manualmente.

Déjame que te pregunte lo siguiente: ¿cuál era tu intención? No tenías ninguna, ¿verdad? No hizo falta porque la intención estaba implícita. Ambos sabíais qué había que hacer, así que ni siquiera tuvo que adoptar una forma consciente en tu mente. Casi todas mis sesiones de QE carecen de intención consciente. O bien no sé acerca de qué requiere ayuda el receptor, o tal vez lo menciona pero lo olvido casi de inmediato. No tienes que formular una intención clara. La consciencia pura es bastante lista. Te hizo a ti y a todo lo que hay en este mundo, y más allá. Y consiguió hacerlo sin tu ayuda. Qué bien, ¿eh?

Creo que es obvio, pero llegados a este punto he de decírtelo. Consulta siempre a un profesional de la salud cuando las circunstancias así lo requieran. No corras riesgos con tu salud ni con la de nadie más. Lo cortés no quita lo valiente. Cuando acudas a un médico también puedes hacer QE. De esa manera estarás abarcando todas las posibilidades. Si has de tomar medicamentos, el QE no sólo ayudará a que la medicina realice su trabajo con más eficacia, sino que además reducirá o eliminará los efectos secundarios causados por la medicina. Actúa con seguridad y sé listo.

Capítulo 11

Mejorar el rendimiento deportivo

Cuanto más hincapié se haga en la perfección, más retrocederá ésta.

HARIDAS CHAUDHUR

La vida es creativa. Juega a hacerse existir,
buscando nuevas relaciones, nuevas capacidades, nuevos rasgos.
La vida es un experimento para descubrir lo que es posible.

MARGARET WHEATLEY

Admiro enormemente lo que pueden hacer los deportistas con sus cuerpos. He practicado deporte toda mi vida y me encanta la sensación que obtengo cuando intento que mi cuerpo rinda. Me gusta trabajar un aspecto para ver cómo se expresa espontánea y perfectamente durante la competición. El atleta también ha de estar psicológicamente muy sintonizado. Conozco muy bien la manera en que afecta a la psique una lesión en un cuerpo atlético y magnífico. La mayor parte de los bajones deportivos son más mentales que físicos. El Quantum Entrainment (QE) trata con éxito tanto los problemas mentales-emocionales como los físicos. Y claro, el QE es de un valor inestimable también para el deportista totalmente sano.

Curar lesiones deportivas

No creo que debamos entretenernos demasiado tiempo hablando de la capacidad del QE para curar dolencias físicas, excepto para decir que cualquier deportista, sea profesional o aficionado, debería conocer el QE. El QE realmente destaca cuando se trata de lesiones de tejido blando, como distensión/torsión muscular o ligamentosa, daños en los discos vertebrales e incluso reparación de tejido nervioso. En cuanto se aplica QE, la herida cura más profunda y rápidamente.

Imagina un jugador de fútbol que, al principio del partido, se lastima un tendón al correr. Cae al suelo, rueda y se lleva las manos al muslo dolorido. Es consciente inmediatamente del dolor y los pensamientos que se aglomeran alrededor del dolor, como abejas enfurecidas en torno a un panal estrellado contra el suelo. Al cabo de muy poco, sus pensamientos abandonan su frenesí y empiezan a calmarse. Su Eumoción asoma la cabeza a la consciencia y el dolor y las molestias disminuyen. Cojea ligeramente al abandonar el terreno de juego para sentarse en el banquillo. El entrenador del equipo deposita las manos en el muslo del jugador y se une a este haciendo QE. Al cabo de veinte minutos vuelve a hacer entrar al mismo jugador al campo, liberado de los síntomas.

¿Te parece una locura? Pues no debería. Nuestros cuerpos cuentan con una extraordinaria capacidad para curarse, una notable e increíble capacidad para reparar tejidos dañados. La manera en que se cura actualmente es muy limitada. Nuestra visión de la curación es patética, y mientras sigamos confiando en esa visión, seguirá siendo patética. Nuestro potencial está a años luz de distancia por delante de lo que vivimos, pero lo más asombroso es que no es necesario evolucionar durante generaciones para alcanzar ese nivel de supercuración. Podemos hacerlo hoy mismo simplemente volviendo nuestra consciencia hacia la consciencia pura. Y cuantos más lo hagamos, más rápidamente habrá otros que abandonen sus creencias acerca de lo contrario. Una vez caigan los velos que les tapan los ojos, no sólo se curarán nuestros cuerpos con mayor eficacia, sino también nuestras mentes, emociones, relaciones y entorno. ¿Pero a qué estamos esperando?

Este es un ejemplo de lo que quiero decir. Mi esposa Martina es una terapeuta masajista europea, y gran parte de su práctica está encaminada a tratar a deportistas profesionales. Una mañana recibió una llamada de un tenista que estaba calentando antes de un encuentro cuando de repente se lesionó la espalda. Describió los síntomas y le preguntó a Martina si podía darle un masaje terapéutico para aliviar el dolor. Ella contestó que no podía trabajar en él en ese estado tan grave, pero que su esposo disponía de un procedimiento especial que le ayudaría. Le contó lo del QE. El tenista contestó que por muy raro que le sonase, estaba dispuesto a probar lo que fuese con tal de acabar con el dolor que sentía.

Cuando llegamos a su apartamento, reconocí que su postura antálgica indicaba un disco herniado. Llevé a cabo un reconocimiento ortopédico para confirmar mi primera impresión. Al ponerse en pie, se doblaba hacia delante y a la derecha casi 45 grados, y no podía ponerse derecho. El brazo derecho reposaba sobre la rodilla doblada y cuando le pedí que caminase apenas pudo hacerlo arrastrando los pies.

Mis muchos años de experiencia como quiropráctico me dijeron que eliminar el dolor y conseguir que se moviese lo suficiente para recibir terapia requeriría varios días de reposo y tratamiento. Para volver a poder empezar a jugar al tenis harían falta varias semanas. Confirmó mis sospechas al decirme que ya le había sucedido lo mismo en un par de ocasiones y que en cada una de ellas había tenido que permanecer tendido varias semanas. «Pero esta vez es la peor de todas», nos contó. Habían pasado un par de horas desde la lesión, así que inicié el QE allí mismo. Mientras el receptor permanecía doblado casi en dos y apoyado en su rodilla, entré en contacto con su espalda y empecé. Tres o cuatro minutos después, le pedí que se incorporase y se estirase. Me miró como si estuviese loco y luego miró a Martina como diciendo: «¿Pero qué clase de loco me has metido en casa?».

Ambos le animamos a intentarlo y él empezó a levantar la mano con la que se apoyaba en el muslo derecho. Al principio titubeaba mucho, pero empezó a ganar confianza y la espalda se enderezó sin que eso aumentase el dolor. De hecho, cuanto más derecho se ponía, más se le abrían los ojos. Fue un momento muy hermoso. Liberado del dolor, se estiró casi del todo. Le pedí que regresase a la postura doblada y volví a hacer QE sobre él durante uno o dos minutos más, pidiéndole de nuevo que volviese a ponerse derecho. En esta ocasión lo hizo con confianza y decisión. Le dejamos sonriendo abiertamente con instrucciones de tomárselo con calma hasta que estuviese seguro de que podía volver a jugar. Cuando llegase ese momento debía pedir cita para recibir terapia de masaje deportivo. Nos llamó al cabo de dos días desde la pista de tenis, donde estaba peloteando sin dolor ni limitaciones.

El valor del QE para las lesiones deportivas es incuestionable. El QE es rápido, eficaz y nada agresivo. No hace daño al aplicarlo y no puede perjudicar más al tejido lesionado. Es perfecto.

Mejorar el rendimiento deportivo

¿Qué significa mejorar el rendimiento deportivo? Quiere decir aumentar la coordinación entre cuerpo y mente. ¿Que qué significa lo de la coordinación entre la mente y el cuerpo? ¿Y para qué necesitamos un cuerpo? ¿Una pregunta tonta? Vamos a ver.

La mayoría de nosotros vivimos en un mundo que no implica una amenaza física. No tenemos que trepar por montes, poner trampas para comer ni usar lanzas para sobrevivir. Aprendemos la mayoría de las capacidades motoras de supervivencia siendo jóvenes, y luego ya seguimos sin esfuerzos el resto del camino. Pero los deportistas han elegido subir el listón, dinamizando sus cuerpos, puliéndolos hasta convertirlos en instrumentos de precisión.

El rendimiento deportivo empieza en nuestra mente. Nuestra mente es el contenedor de los pensamientos. Miramos hacia el exterior, al mundo, a través de nuestros sentidos. Las impresiones sensoriales llegan a nuestra mente, son procesadas y, a continuación, si decidimos ejecutar alguna acción necesaria, nuestro cuerpo responde para realizar dicha acción. Sí, claro, es una simplificación excesiva, pero que nos servirá para nuestros propósitos. Nuestra mente es como el conductor y el cuerpo como el vehículo. El cuerpo es el vehículo de la consciencia. La lleva por ahí para que la consciencia pueda experimentar a través de los sentidos y así aumentar nuestro conocimiento relativo sobre el mundo que habitamos. Cuando la consciencia está dirigida por el ego, pasamos a estar motivados por el miedo y no podemos disfrutar del viaje. Es como conducir con mucho tráfico y ponerse a pensar que todos los coches intentan chocar contigo. Cuando el Ser ocupa el asiento del conductor, cuerpo y mente están relajados y no son reactivos. Lo mismo ocurre con los deportes. Un atleta, un deportista, asentado en el Ser también está relajado y responde físicamente de manera espontánea. Un deportista centrado en el Ser diría sobre su rendimiento: «Estaba en la zona. Mi cuerpo rindió de manera impecable y yo permanecí totalmente en calma».

Cuando un atleta es consciente del Ser, su rendimiento es fluido y sin restricciones. Es menos probable que se lesione. En ese estado, los deportistas suelen sentirse como si sus cuerpos funcionasen con el piloto automático. Jugar consciente del Ser es una delicia fluida y una de las alegrías de la vida.

Muchos deportistas se hacen profesionales por razones equivocadas. Ven una oportunidad de hacer lo que les gusta y además cobrando. Pero si no aciertan a cultivar la consciencia del Ser fuera del terreno de juego, inevitablemente, se concentran en la fama o el dinero, y acaban perdiendo muy pronto la alegría inicial. Empiezan muy bien y acaban quemados. Cambian la suavidad del Ser por una vida endiabladamente dura y llena de dificultades. El QE aporta equilibrio a la vida de un deportista, armonizando su vida personal y profesional, a la vez que protege la alegría que le proporciona jugar.

La siguiente es la historia de un deportista así. Julian Link ha sabido mantener su euforia de por vida y la emoción por el deporte en el marco tan competitivo y estresante del tenis profesional. Julian es alemán y juega en la liga de veteranos mayores de 35 años. Pero todo eso se vio en peligro cuando sufrió una lesión de rodilla, mientras jugaba cansado, en unas circunstancias difíciles. Esta es la historia de Julian en sus propias palabras:

Soy tenista profesional en la liga de veteranos mayores de 35 años. Al finalizar la temporada me sentía quemado y muy cansado. Fue entonces cuando me lesioné la rodilla jugando al tenis. Me torcí un ligamento y no podía ni tocar el suelo con esa pierna. La traté con hielo y antiinflamatorios. Al cabo de una semana de tratamiento, la rodilla no mejoraba y quisieron hacer una resonancia magnética. Esa semana conocí al Dr. Kinslow. Practicó el tratamiento de QE en mi rodilla durante unos cinco minutos y me sentí inmediatamente mejor. Cuando le pedí más sesiones, me dijo que podría hacerlo yo solo. Tras leer su libro, empecé a practicar QE en mi rodilla.

Sólo al cabo de un par de días ya tenía la Eumoción y trabajaba en mi rodilla. Cada vez que practicaba QE mi rodilla mejoraba. Supe que se estaba curando por su cuenta. Trabajé en la rodilla a diario y al cabo de 40 días me había liberado por completo del dolor. Ahora participo en torneos —y gano— y no tengo ningún problema con la rodilla.

Pero al trabajar en mi rodilla extraje un beneficio mayor. Desde que aprendí a utilizar el QE, todas las áreas de mi vida han mejorado. Encuentro paz de inmediato siempre que la necesito. Como soy deportista profesional, dependo enormemente de la calma y la paz interiores a fin de poder expresar lo mejor de mí. Desde que utilizo el QE puedo sentir ese flujo casi a diario. Pero este verano empecé a tener una experiencia muy fluida, como nunca antes. Al jugar torneos sentía una paz y fortaleza increíbles que me permitieron alcanzar nuevos éxitos en mi juego y una gran alegría interior.

Julian no sólo superó el daño físico de su herida merced al QE, sino que también se dio cuenta de que la alegría de practicar deporte siendo consciente del Ser, también es posible fuera de la cancha. Al continuar siendo consciente del Ser, descubrió que el QE mejoraba su margen de competencia de una manera asombrosa. En 2007 y 2008, Julian fue campeón de Europa, y en 2008 derrotó al mejor jugador del mundo de su grupo de edad.

Julian vive la visión que tuve sobre todos los deportistas: autosanación tanto dentro como fuera de sus empeños deportivos. Pero la visión va más allá de los deportistas. Tanto si somos deportistas, genios de la informática, directores generales o beneficiarios de ayudas estatales, integrar el QE en nuestras vidas nos elevará necesariamente por encima de la pugna inherente a la condición humana, liberándonos para poder ser naturalmente quienes somos, a fin de realizar de manera instintiva aquello que nos gusta hacer.

Capítulo 12

Un paseo espacial

La supervivencia de la humanidad depende de nuestra
disposición a aceptar libremente la manera en que actúa la naturaleza.

BUCKMINSTER FULLER

¡Naturaleza! Estamos rodeados y abrazados por ella: incapaces
de separarnos de ella... Carece de lenguaje ni discurso; pero crea lenguas y
corazones con los que siente y habla... Ella es todas las cosas.

GOETHE

C aminar es excelente para rejuvenecer el cuerpo. Nuestro
corazón y la sangre circulando insuflan en nuestros tejidos el energético y necesario oxígeno, eliminando las toxinas
que provocan disonancia física y mental. Lo que la mayoría de
la gente no comprende es que caminar puede ser un ejercicio
excelente para nuestro otro corazón: ese al que solemos refe-
rirnos como alma o espíritu. A eso lo denomino «paseo espacial», y sus beneficios van mucho más allá del tradicional paseo
por el parque. Permíteme explicártelo.

A los transeúntes con los que te cruces, el paseo espacial
les parecerá lo mismo que el típico paseo de siempre. Pero, en
el interior del paseante espacial, la sinfonía de las esferas canta
en perfecta armonía con el trinar del gorrión, el viento entre la

hierba y el latido de todos los corazones de todos los seres creados. ¿Imposible? De ninguna manera. El paseo espacial no sólo
es posible sino que también es fácil, una vez que se sabe cómo.

A medida que navegamos por nuestra rutina cotidiana,
nuestros sentidos se ven atareados con cosas y nuestras mentes
con pensamientos. Por ejemplo, cuando entramos en una
habitación observamos los objetos que ocupan esa estancia.
Vemos la taza de café en la mesa de al lado del sofá en el que la
tía Juana está gozosamente sumergida en su siesta. Pero en la
habitación hay algo de enorme valor que raramente tenemos
en cuenta: espacio. Así es. El espacio que todo lo envuelve.

Cuando nos fijamos en el espacio en lugar de los objetos
que lo definen, empieza a suceder algo mágico. Nuestras mentes disminuyen de velocidad y nuestros cuerpos se relajan.
Luego empezamos a considerar nuestro mundo de una manera
de lo más hermosa y maravillosa. Nuestras vidas quedan increíblemente enriquecidas para siempre con sólo reconocer el
espacio. Y ahora te cuento por qué.

Tanto los santos como los científicos nos dicen que todas
las cosas proceden de la nada. Recuerda a David Bohm, un teórico de la mecánica cuántica al que Einstein consideraba de lo
mejorcito en su campo. Acuñó la expresión «orden implicado»
para indicar la nada de la que toda creación sale tejida, como la
tela de una araña. Desde la nada llega el fundamento de la vida,
la onda. Las ondas crean partículas y las partículas crean átomos. Luego los átomos crean moléculas que a su vez crean
estrellas, coches y caramelos. Eso es la Creación en dos palabras. Todo lo que vemos procede de la nada primordial.

Cuando somos conscientes de la nada, es como si retroce-
diésemos en el tiempo hasta nuestro nacimiento. Regresar a

casa alimenta tanto el cuerpo como el alma. Nos hace sentir bien y, como veremos en un instante, también nos sienta bien.

Ahora bien, el espacio no es la nada. Es simplemente el vacío entre dos objetos. El espacio puede contener aire, ondas de radio, olores, ácaros del polvo, vapor de agua y cosas por el estilo. Pero para la mente, el espacio representa nada, y por ello podemos utilizar el espacio como nuestro pórtico hacia el gozo y la armonía. Así que atémonos fuerte los cordones de los zapatos y aprendamos a pasear por el espacio.

Empecemos con un suave paseo en un entorno agradable. Al caminar, empieza a fijarte no en pájaros, coches o plantas, sino más bien en el espacio que existe entre todo ello. Descubre el espacio entre los árboles, entre las ramas, y a continuación localiza el espacio entre las hojas. No mires las nubes; mira la vastedad entre las nubes. Allí donde veas dos cosas, fíjate en el espacio entre ellas.

Para encontrar espacio también puedes utilizar sonido. Escucha el sonido de tus pies al posarse a la vez en el suelo, y luego halla el silencio, el espacio, entre tus pisadas. Escucha el sonido distante de una sirena. Escucha con atención hasta que la sirena acabe desapareciendo en un espacio silencioso. El espacio está en todas partes. Sólo has de hacerte consciente de él para empezar a pasear por él.

¿Captas la idea? Ahora estás listo para dar el paso final. Se trata de la parte más importante del paseo espacial. Cuando hayas descubierto el espacio, no lo consideres como si fuese otro objeto que hay que identificar. Tu mente no tardará en aburrirse si lo único que haces es identificar el espacio. A la mente le gustan las vistas de quitar el hipo y los problemas jugosos para hincarles el diente mental. El espacio no es nada de eso.

Este es el truco, la magia de encontrar tu alma y llenar tu corazón. Una vez que encuentres espacio, mira atentamente en su interior como si reinase una espesa niebla y esperases ver qué es lo que sale de él. Mira de arriba abajo en todos los espacios y permanece atento no sólo a lo que ves sino también a lo que sientes. Así es. Encuentra la Eumoción en el espacio entre dos objetos. Te derretirá el corazón.

Este es el resumen de un correo electrónico que recibí de Nancy, una nueva paseante de espacios:

> Tras nuestra conversación de esta mañana fui a correr. En esa sesión fui mucho más consciente del cuerpo: de cómo fluía, de la rotación de la parte superior del cuerpo en combinación con el libre movimiento de la parte inferior. No necesité calentamiento. Empecé a correr ligera y con un ritmo regular. El movimiento era tan majestuoso que empecé a llorar. El fenómeno más profundo durante esa carrera fue que todos los animales junto a los que pasé no hicieron amago de apartarse. El cisne, las garcetas y las garzas me miraron con dulzura al pasar a su lado. En varias ocasiones durante esa hora maravillosa tuve que contener lágrimas de alegría. Me fijé en que el aire no era «sólo aire»; era una presencia viva y sedosa, que ondulaba a mi alrededor.

Nancy era una verdadera corredora espacial. Claro que puedes darte una caminata espacial con cualquier actividad, como tenis, patinaje en línea o bien sentándote y observando a la tía Juana disfrutar del gozo de su siesta. Es el espacio entre los momentos de nuestras vidas.

Si recuerdas, te hice dar un paseíto espacial como parte del aprendizaje del Quantum Entrainment (QE). Después de aprender a mantener la Eumoción sentado tranquilamente con los ojos abiertos, luego te incorporaste y caminaste despacio por la habitación, examinando los objetos. Aunque te concentrabas en los objetos, tu mente estaba repleta de consciencia pura y por lo tanto, reconociste que la consciencia pura también vibraba en esos objetos. Observar el espacio es más fácil, eso para empezar, pero a medida que tu mente se vaya llenando de consciencia pura, también te sentirás cómodo tanto con el espacio como con sustancia.

Empieza dando un paseo espacial, con lentitud, y luego pasa a ser más activo, a medida que vayas aprendiendo a mantener el silencio en el interior del espacio. Mucha gente practica QE antes de dar un paseo espacial. Eso tiene la ventaja de recordar a la mente el espacio entre pensamientos. Desde ahí sólo hay un saltito hasta ver y sentir el espacio entre las cosas.

A ver en cuántas actividades puedes introducir el paseo espacial. Plantéate el trabajo espacial, o el cocinar espacial, o incluso el cepillarte los dientes espacial. Diviértete con ello, pero practícalo a menudo y con el tiempo no te costará nada. Entonces serás tú el que deberá «contener las lágrimas de alegría».

Ayudar a los demás

Puedes ayudar a otros a pasear espacialmente acompañándolos o bien describiendo lo que haces. Asegúrate de que de entrada estén tranquilos y mantén la charla despreocupada a niveles mínimos, o incluso empieza con una sesión de QE en casa antes de salir. Si realmente quieres divertirte, llévate a un grupo de paseo espacial. La consciencia pura es más fácil de percibir en grupo. Eliminar la charla intrascendente en un grupo es casi imposible, así que lo más conveniente es mantener tiempos de silencio seguidos de cortos períodos de conversación. Los mejores grupos son los constituidos por 3-8 personas. Si sois más de 8, mejor que os distribuyáis en dos grupos.

Este ejercicio es especialmente interesante para niños. Si sales con un grupo de niños, anímalos a hablar de sus experiencias a medida que vayan ocurriendo, en lugar de esperar a un rato de conversación formal. Los niños identifican de manera natural el espacio e incluso te pueden enseñar un par de cosas acerca de la alegría del paseo espacial.

Capítulo **13**

Sexualidad, amor
y Amor Universal

El amor no es un mero impulso; debe contener verdad, que es ley.

RABINDRANATH TAGORE

Al principio de la unión sexual, presta atención al fuego del inicio,
y después de eso, evita las cenizas al final.

SHIVA-SUTRAS

É l amor ha sido un tema de interés y preocupación desde que el primer troglodita le dio un golpe en la cabeza a su pareja y la arrastró por el cabello hasta su cueva. Eso fue antes de que ella plantase petunias y le hiciese construir una valla de estacas blancas. Digo amor, pero fácilmente podría haber dicho sexo, pues ambas palabras se emplean a menudo como términos intercambiables. No soy psicólogo, científico ni dirijo un *reality show*, y por lo tanto no soy experto en amor. Pero me he enamorado en una o dos ocasiones y eso debería contar como algo de experiencia. Por si sirviese de algo, ofrezco a continuación unas cuantas opiniones sobre sexualidad, amor y el Amor Universal.

En primer lugar, me gustaría desenredar los brazos y piernas de la sexualidad y el amor para comprobar si, efectivamente, existe alguna diferencia entre ambos. A continuación me gustaría contrastar la sexualidad y el amor con el Amor Universal, el objetivo de cualquier aspirante espiritual en el camino hacia la salvación.

La sexualidad es uno de nuestros impulsos primarios más importantes. No creo que con esto haya añadido mucha sabiduría a las bibliotecas ya existentes sobre el tema. Resulta asombrosa la manera en que una sencilla palabra como esa puede causar semejante conmoción. Enseño Curación Alternativa en la Universidad de las Everglades. Cuando la consciencia colectiva de una clase tiende a alejarse del tema que se está tratando, lo único que debes hacer es escribir «sexo» en la pizarra y en 2,35 segundos tienes a todos los estudiantes pendientes y muy concentrados. Tal y como dicen en el negocio de la publicidad: «El sexo vende».

La sexualidad es biológica. Viene definida de manera predeterminada en nuestros cerebros para asegurar la supervivencia de la especie. Pero parece que hay más cosas relativas a la sexualidad que un simple impulso de placer designado para inspirarnos a repetir el proceso una y otra vez hasta que superpoblemos el planeta. Viendo precisamente ese problema tan actual, es una pena que no nos hayan instalado ningún botón de reinicio. Pero eso es otra historia para otro día.

La sexualidad es una parte implícita de enamorarse. Cuando vemos a alguien que nos parece atractivo, nuestros sentidos estimulan al cerebro para que libere hormonas sexuales. Nos excitamos sexualmente y sólo podemos satisfacernos con el alivio físico, o bien podemos sentirnos excitados y confusos, el precursor de lo que muchos denominan amor.

Ese «amor romántico» cálido y confuso puede ahogarnos durante los primeros meses de una nueva relación. Podemos consumirnos en los fuegos del amor y mientras estemos bajo su embrujo, llegar a tomar decisiones que alteren nuestras vidas, como fugarnos juntos y unirnos a un circo como marido y mujer formando un equipo de lanzacuchillos (perdón, no he querido desenterrar mi historia personal). Sea como fuere, lo que intento decir es que a partir del acto sexual físico, los seres humanos tendemos a experimentar intensas emociones con nuestra pareja. Nos referimos a emociones tales como el amor. De hecho, la sexualidad es un buen barómetro para saber cómo funciona una relación. Cuando esa relación atraviesa por dificultades, la intimidad sexual suele ser la primera perjudicada. Por otra parte, cuando las cosas marchan muy bien en la pareja, los pensamientos sexuales andan desatados en nuestras mentes, a fin de hallar satisfacción en nuestros cuerpos. Ahí permanecen hasta que el deseo vuelve a zambullirse en el hastío de la vida cotidiana.

Cuando las emociones de un nuevo amor nos inundan, nos parece que nunca acabarán. Pensamos que siempre vamos a sentirnos así con nuestra pareja. Pero, como todo el que se ha enamorado en alguna ocasión puede atestiguar, esa sensación de «nuevo amor» no dura mucho. Ese increíble y rimbombante periplo hacia el inestable mundo del amor no dura; no es posible. Y ahora explico por qué.

El amor romántico, tanto si es producto de la unión sexual como si no, es amor condicionado. De hecho, el término «hacer el amor» implica que estamos realizando sexualidad y que a partir de ahí se produce el amor. El amor es una condición de la unión sexual. Pero existen otros aspectos del amor romántico. Depende de muchas circunstancias como belleza, forma, funcionalidad y cualquier otro rasgo psicológico que ese recorrido pueda desencadenar, y que, cuando se producen, podemos oírnos decir a nosotros mismos: «No sé por qué la amo; sólo lo hago». Los poetas y compositores de canciones no se cansan nunca de ensalzar las virtudes de ese amor excelso. Pueden llegar a decir: «Su cabello es la luz dorada de la mañana, sus ojos son dulces y luminosos estanques de compasión, y su sonrisa me llena del esplendor de la vida». O simplemente: «Me gusta cómo anda. Me gusta cómo habla».

El amor condicionado aumenta cuando nuestra pareja hace cosas amorosas y decrece cuando no. ¿No es cierto? El primer estallido de gozo va siendo reemplazado lentamente por la complacencia de un amor más práctico con el tiempo y las circunstancias. Estrés, rabia, resentimiento, desánimo, ansiedad, miedo, desesperación, depresión y las reacciones exageradas debilitan nuestra capacidad de amar. A pesar de las intenciones más elevadas, el amor se va enfriando poco a poco y en más del 60% de nuestras relaciones, si es que hay que confiar en las estadísticas del Gobierno, acaba muriendo. Llegados a este punto, la relación marchita continúa a causa de las convenciones o finaliza y volvemos a salir ansiosos por encontrar otra pareja que llene el espacio vacío desocupado por el amor condicionado.

Esa es la cuestión. El amor condicionado es inspirado o causado por algo: mantener a un hijo, ocuparse de una mascota, darse desinteresadamente, acariciar a la persona amada, ejercitarse, rezar, meditar, etc. Los seres humanos somos capaces de realizar un sinfín de acciones que crean cambios químicos en el cuerpo e incrementan la sensación de amor. Eso hace que el amor sea condicionado. Hay un dicho espiritual que habla de ese factor de condicionalidad. Dice así: «Lo que consigas

también lo perderás». Obtenemos amor por una razón y perdemos el amor por una razón. El amor condicionado está sujeto a las condiciones y las condiciones siempre cambian. Lo que
nace morirá. El amor nacido de condiciones está destinado a
morir.

Pero existe un amor más profundo que subyace al amor
condicionado. Nunca podemos volver a captar la intensidad de
los primeros meses de un nuevo amor, por una única y sencilla
razón: estamos destinados a algo mucho más satisfactorio e
importante que el amor condicionado. Este amor es incondicionado. Es universal. Es el fundamento de todas las búsquedas
espirituales y, no obstante, no puede realizarse mediante
esfuerzos, ni siquiera por parte del más devoto de los aspirantes. Es práctico y primordial. Es Amor Universal.

El Amor Universal carece de género. No pertenece ni al
hombre ni a la mujer ni a la unión entre ambos. Algunos dicen
que pertenece al corazón, tierno y lleno de adoración. Se dice
que si amas con la fuerza suficiente, trascenderás el amor car-
nal, fundiéndote con el Amor Universal. A ese pensamiento
suele aludirse como el camino devocional hacia la iluminación.
La iluminación es otra palabra para vivir el Amor Universal.
Pero siempre me parece que algo no funciona bien cuando se
sugiere un camino a lo que sea universal. Si algo es universal,
como el amor ilimitado, entonces debe estar en todas partes
todo el tiempo, ¿verdad? Si el Amor Universal está en todas
partes, ¿adónde hay que ir a buscarlo? Estés donde estés, allí
está él también. Un camino no puede llevarte adonde ya estás.
Eso lo sabemos.

Veamos, el Amor Universal ya está esperándote, sólo te
falta saber cómo abrazarlo. No necesitamos un camino ni un
proceso. Lo único que necesitamos es ser conscientes de dónde

estamos, ¿verdad? Y eso es así porque el Amor Universal ya está donde estamos. Todo el problema de ser en el Amor Universal no es tanto una cuestión de hacer algo sino de *no* hacer nada. No hacer permite que el polvo y el desorden de nuestras mentes se pose y se calme. ¿Qué ocurre cuando la mente se calma? Eso es, ¡el Amor Universal!

El auténtico propósito de una relación amorosa no es enamorarse profundamente de la otra persona. El propósito es simplemente ser consciente del Amor Universal. Tal y como hemos visto, el amor romántico tiene sus altibajos dependiendo de las mareas condicionadas. Aunque la promesa del amor condicionado es una ilusión, la promesa del Amor Universal no existe. Es una certeza. El Amor Universal no promete nada. Es completo tal cual es, en este preciso momento. No podría ser de otro modo o no sería universal. Lo único que nos falta es comprender que es así. Cuando lo consigamos, ya está, y la perfección del presente se hace realidad en toda su mundana belleza.

Una vez que seamos conscientes del Amor Universal, la sexualidad y el amor condicionado seguirán durmiendo parte de nuestro mundo cotidiano, pero con una diferencia fundamental. Anclados en el Amor Universal, la sexualidad, el amor y la familia, la economía, la vida y la muerte ya no son hechos separados. Pasan a formar parte de una sinfonía. Son notas que suenan en la melodía de fondo del Amor Universal. Cada nota, bella en sí misma, forma parte de la integridad de la pieza. Si sólo conocemos notas individuales, nos perdemos la armonía de la obra. Al hacernos conscientes del Amor Universal, nos volvemos conscientes de la melodía tras la locura del vivir condicionado. Y, hacerse consciente del Amor Universal es fácil y fluido.

El QE recaba la consciencia del Amor Universal. Una vez que el pensamiento se perfecciona y acaba desvaneciéndose, renace como Eumoción, el primer vislumbre del Amor Universal. Con el tiempo y la práctica, podrás reconocer tu Eumoción en todos los aspectos de tu relación, incluyendo el compartir amor físicamente con tu pareja. La consciencia de la Eumoción añade el elemento que faltaba al amor, ampliando y profundizando su significado e intensificando su expresión física. Así es como el sexo y el amor alcanzan la culminación en el Amor Universal. Ahí es donde la humanidad reconoce su chispa divina. Donde el amor se convierte en Amor.

Capítulo 14

La relación perfecta

Donde acaba «yo» y «tú», empieza el amor.

KARL RENZ

Un corazón cariñoso es el principio de cualquier conocimiento.

THOMAS CARLYLE

En el principio...

... fue la palabra... y la palabra fue Amor; Amor incondicionado e infinito. Luego, en el Amor, el Uno creó los muchos. El amor quedó congelado en la forma y así nació la creación. Esa Integridad se fragmentó en infinitas expresiones de Sí mismo. Cada fragmento está separado y, sin embargo, es íntegro. El Amor vio las multitudes y las llamó Ser. Cada Ser parecía externamente único, pero todos estaban tejidos en la misma esencia omnipresente. Desde el más débil escalofrío subatómico al silencioso poder de las galaxias que giran, el Cosmos estuvo repleto de las infinitas y perfectas expresiones del Ser.

En el presente...

... nuestro mundo, tu mundo, está repleto de cosas. Cualquier pensamiento y emoción, amigo y enemigo, montaña, mosquito y pedazo de pizza fría es la expresión completa del Ser nacido del Amor. El problema es que la mayoría de nosotros no se lo plantea así. Vemos las piezas pero no percibimos el Amor que aguarda dentro. Observemos el amor y el Amor desde una perspectiva algo distinta de la que utilizamos en el último capítulo. Consideremos el amor condicionado como el «yo» y el amor universal como el Ser.

Cuando conocemos a alguien y nos enamoramos, ¿qué está sucediendo en realidad? Eso depende del tipo de amor. El amor llega en dos formas: amor del «yo» y amor del Ser. El «yo» es todo lo que hace única a una persona. El «yo» está compuesto de pensamientos y emociones, experiencias, recuerdos, esperanzas y temores. El amor del «yo» es amor condicionado y cambia cuando se modifican las condiciones.

El Ser es la parte inalterable de ti, que ya estaba allí en la infancia, en la adolescencia, y ahora, sin interferir nunca pero sosteniendo todo lo que eres. Tu Ser es tu expresión del Amor pero no limitado a ti mismo. Tu Ser, el Ser de los demás, e incluso un chico repartidor de pizza que te trajo una pizza fría a casa, son todos uno. El amor del Ser conoce la unidad en la diversidad. Es incondicional.

El Ser ama sin razón y el «yo» busca razones para amar. Cuando «nos enamoramos» es el «yo» el que lo hace. Un nuevo amor del «yo» es incendiario y lo consume todo; y está condenado a la mediocridad. ¿Por qué? ¿Por qué ha de ser de esa manera? Por mucho que dure la relación, nunca podremos volver a sentir ese poder casi absoluto de los primeros días del amor.

Cuando creemos en la imagen «yo» de nosotros mismos, nos separamos de lo que percibimos como otras imágenes y nos perdemos el Amor unificador interior. No te veo como realmente eres. Te veo como mi mente quiere verte. Mientras creo una imagen de «ti», tú estás ocupado creando una imagen de mí. Somos como dos marionetistas, ocupados febrilmente con nuestra propia marioneta. Tan sumergidos estamos en hacer que las marionetas tengan relación, que nunca llegamos a conocer al otro titiritero.

Krishnamurti nos dijo que las relaciones se forman entre dos imágenes que la mente ha creado. Luego fue más lejos y reveló que las dos imágenes tienen sus propias necesidades y deseos. Tienen sus propios programas y viven virtualmente aisladas, en el interior de sus mundos separados, consolándose con la ilusión del acuerdo. Krishnamurti dijo: «... las imágenes discurren paralelas, como las vías de un tren, sin llegar nunca a encontrarse, excepto, tal vez, en la cama... En qué tragedia se ha convertido».

La mayoría de nosotros empezamos una relación por una razón tipo amor o amistad, protección, dinero, emoción o peligro, estímulo intelectual o placer físico. Entonces, ¿el único propósito de formar una relación es únicamente obtener algo?

¡Sí! La respuesta a la pregunta: «¿Por qué existen las relaciones?», es únicamente para obtener un provecho. Pero no existen únicamente para nuestro beneficio egoísta, sino muy al contrario. Las relaciones no se refuerzan con más dinero, control o tiempo. Ni siquiera están justificadas, como suele creerse, por el aumento de la intensidad del amor entre dos personas. Eckhart Tolle tiene razón al decir: «Una relación es para que seas consciente... no feliz». Las relaciones son oportunidades perfectas para llegar a ser consciente del ser. El amor coqueto condicionado no puede durar. No podemos vivir la ilusión del amor condicionado cuando el Amor Universal está frente a nosotros. Nuestro Ser no lo permitiría. Siempre habrá algo que marche mal. Cuando sucede, despertamos. Tras despertar, normalmente intentamos arreglar el problema aparente. Despertarse está bien: lo que anda desencaminado es el arreglo. Intentar arreglar una relación «yo» sólo conduce a más problemas que hay que arreglar. ¿No dice lo mismo tu propia experiencia? No puedes arreglar una ilusión con otra ilusión.

El verdadero problema es la ilusión de que hay que arreglar la relación. Queremos que las cosas funcionen bien cuando la realidad es *que ya lo hacen*. No se trata de si la botella está medio vacía o medio llena. Se trata de un cambio fundamental y profundo en nuestra percepción. Ahí es donde la consciencia «yo» se convierte en consciencia del Ser. El Amor Perfecto creó a cada Ser en perfecta armonía con todos los otros Seres. Ser consciente de este sencillo hecho confiere libertad total al Amor.

Nuestro papel en una relación es ser responsables de nuestra propia consciencia. El resto se hará solo. Para muchos es un esfuerzo de fe. Nuestra pareja no tiene por qué dejar su molesto resoplar o su charla incontinente. Hemos de ser conscientes. Eso es todo. Así de sencillo. La relación perfecta empieza y acaba en la consciencia del Ser. Cuando aparece la consciencia del Ser, acaban encontrándose los dos raíles del tren, no en el horizonte, sino a nuestros pies, y el Amor resplandece en la superficie de todo Ser.

El Quantum Entrainment (QE) expone la consciencia consciente al Ser. El QE desenreda la consciencia de las distracciones que ensucian el terreno de nuestro mundo y le permite posarse en el Ser, con tanta suavidad como lo hace una mariposa en el pétalo de una flor exótica. Las relaciones nos rodean. Establecemos relaciones en la oficina, en el supermercado, en la consulta del médico... No importa la manera en que se desarrolle cada una de ellas, pues todas son relaciones perfectas cuando nos enamoramos de nuestro Ser.

Ayudar a los demás

Si tu pareja está pasándolo mal (y no vamos a entrar en detalles aquí), el QE te puede ayudar. En este caso, le ayudarás a superar su incomodidad, a distancia. Recuerda que no has de recabar su permiso para hacer QE en nadie. La ayuda más importante y eficaz que puedes proporcionar es hacer QE para ti mismo. Tu cambio inspirará también cambios en otras personas.

Capítulo **15**

Sueño e insomnio

Dormir es la mejor meditación.

DALAI LAMA

Dormir es la experiencia más hermosa de la vida...
con la excepción de beber.

W.C. FIELDS

Dormir es un proceso hermoso y natural. Digo natural porque cuando las condiciones son buenas, sólo tienes que acostarte sin hacer nada, y el sueño llega. Me gustan las actividades que implican no hacer nada. Cuando se lleva bien, dormir hace que te sientas muy bien. Tienes más energía, piensas con mayor claridad y tienes mejor aspecto (al menos algunos de nosotros).

Este es un truco para aquellos de vosotros que duermen muy bien pero que quieren despertar un poco más descansados de una noche de sueño. Cuando te acuestas, justo antes de tumbarte, haz Quantum Entrainment (QE) durante 2-5 minutos. Es una forma estupenda de disipar la tensión superficial acumulada a lo largo de la jornada. Esto permite que tu cuerpo suelte esos diminutos nudos que ha ido trenzando a lo largo del día, y te pone la mente en punto muerto, reiniciando tu «sueñímetro» a la posición ¡aaahhhhh! Luego acuéstate y sumérgete en la gloria celestial del sueño profundo.

Sin embargo, para muchas personas, dormir resulta algo difícil. Yo solía ser una de ellas, pero ahora duermo como un niño (tal vez no sea la mejor comparación, como cualquier padre ojeroso con un bebé recién nacido podría atestiguar). Hay todo tipo de razones por las que la gente no duerme bien, como consumir estimulantes, comer mal y no hacer suficiente ejercicio. El desfase horario, el desequilibrio hormonal y otras situaciones de salud, como el dolor o el estrés mental-emocional, también pueden alterar los patrones de sueño. La lista es larga y no parece justo que algo tan vital y disfrutable como dormir bien pueda perturbarse con tanta facilidad. El insomnio es un síntoma, y si has dormido mal, asegúrate de descubrir por qué y ponle solución. Si consumes demasiada cafeína, ponle coto. Si necesitas más ejercicio, levántate del sofá y date una vuelta a la manzana. Si no puedes arreglarlo o ni siquiera puedes descubrir el motivo, es el momento de empezar con el QE.

Una de las causas más comunes de la falta de sueño es el estrés emocional. A veces sabes exactamente qué es lo que te molesta y a veces no tienes ni idea. El QE funciona de maravilla en ambos casos. Como el QE trabaja para armonizar todo tu ser, es perfecto para llegar a esos rincones de difícil acceso de tu mente donde se oculta la tensión desconocida. Para el estrés en general, te recomendaría que hicieses QE a lo largo del día. Puedes dedicarle un minuto en cada ocasión, o períodos más largos, de 10 a 30 minutos. Mi momento favorito para el QE ampliado es a primera hora de la mañana. Realmente marca el ritmo para el resto del día. Creo que el QE antes de acostarse

ayuda a equilibrar la actividad hormonal, incluyendo la mela-
tonina segregada por la glándula pineal que regula tu reloj
interno de noche-día.

Acostarse y permanecer despierto puede convertirse en
un problema grave, sobre todo cuando algo nos preocupa. Tal
vez hayas discutido con el jefe o peleado con las facturas. O tal
vez tu hija adolescente se haya tatuado a todos los integrantes
de su grupo preferido de *heavy metal* en ambos brazos y alrededor del cuello, culminándolo con una gran final: las dos baque-
tas cruzadas y perfectamente alineadas en el centro de su frente. Dice que los amará para siempre. Y tú te preguntas por qué
te esquiva el sueño...

El estrés puede hacer que la mente se dispare descontro-
lada. Los pensamientos giran como las aspas de un ventilador, y
nos escuchamos a nosotros mismos suspirando por unos pocos
minutos de bendito silencio mental. Ese es un momento perfecto para el QE. El QE sosiega el pensamiento sólo con observarlo. Ya has experimentado el estado de no-pensamiento de la
consciencia pura y cómo los pensamientos se agrupan con
delicadeza alrededor de tu Eumoción. Eso también funcionará
en momentos de estrés, pero de manera distinta.

Cuando estés viviendo un hecho altamente estresante y
hagas QE, tendrás una experiencia un tanto distinta, en comparación a cuando estás más calmado. Todo es muy relativo.
Cuando tus pensamientos matraquean como balas de ametra-
lladora en un tejado de metal y empiezas con el QE, podrías ver
que tus pensamientos «ametrallados» provocan agujeros en tu
consciencia. Tus pensamientos huyen con tu consciencia y uno
se olvida durante muchos minutos del QE. Si eso ocurre, no te
preocupes, está bien. Incluso si no te sientes tan sosegado
como en otras ocasiones, lo cierto es que la sanación estará en

marcha. Verás cómo te recuperas del incidente con mucha más rapidez de lo que te habría costado normalmente, aunque no te hayas tranquilizado. En el QE, aceptamos lo que nos llega. Siempre será mucho mejor que no haber practicado QE.

Sentirse en paz no debe convertirse en un objetivo. Como ya sabes, eso crea una polaridad que tira de ti en dos direcciones distintas. Sí, sentirse en paz y libre de incomodidades es genial, pero esforzarse en dirección a la paz sigue siendo esforzarse, y eso es lo opuesto a la paz. Lo único que se necesita es una sencilla observación. Espera y observa. Cuando apagas un ventilador que gira, todavía tarda unos instantes hasta que las aspas se detienen. El QE apaga el estrés, pero hace falta un tiempo para que los pensamientos enloquecidos se vayan calmando hasta detenerse. Basta con que hagas tu QE sin esperar nada y te sorprenderás.

Claro está, practicar QE mientras no estás agitado o presionado es seguro y está garantizado. Luego, cuando el estrés te sacuda, estarás a muy poca distancia de la consciencia pura y de la influencia tranquilizadora de tu Eumoción.

Ayudar a los demás

El QE puede ayudar realmente a que los demás duerman bien, a veces en pocos minutos. Si compartes la cama con un dormilón agitado, acércate a él y coloca tu mano sobre su frente, pecho o espalda y practica QE. No pasará mucho tiempo antes de que su respiración se vuelva profunda y regular. Aunque no se duerma de inmediato, al menos conseguirá descansar profundamente gracias al QE. Claro está, el QE va de perlas para ayudar a las personas con falta de sueño a causa de una enfermedad.

Los niños a los que les cuesta calmarse para dormir o que se despiertan con pesadillas responden excepcionalmente bien a una sesión suave de QE. Cuando te sientes cómodo con el proceso del QE para ti mismo, puedes incluso leer a los pequeños un cuento mientras haces QE.

Capítulo **16**

Hábitos alimentarios
buenos y malos

De los alimentos nacen todos los seres,
que tras nacer, crecen con alimentos.
Todos los seres se alimentan de comida,
y cuando mueren, la comida se alimenta de ellos.

Taittiriya-Upanishad

Cuando el estómago se pelee contigo, acuéstate
y tranquilízalo con pensamientos frescos.

Satchel Paige

L a mayoría de las personas prestamos escasa atención al comer. Lo consideramos como una actividad necesaria que es bastante placentera, pero que en muchas ocasiones nos aparta de otras actividades como el trabajo. En Estados Unidos tendemos a comer sin parar, engullendo hamburguesas y burritos a bocados, conduciendo el volante con las rodillas mientras nos precipitamos en un atasco. Tendemos a concentrarnos sobre todo en la cantidad y la comodidad de la comida en lugar de la calidad, el ambiente y el proceso de digestión.

Los nutricionistas mantienen que la mayoría de las enfermedades y males del cuerpo son causados —o complicados— por una mala digestión. «Bueno —dirás—, no tengo ningún control sobre mi digestión. Ingiero la comida y la digestión se produce de manera automática.» Pues yo te digo que en realidad cuentas con mucho control sobre tu digestión y que el Quantum Entrainment (QE) puede desempeñar un papel importantísimo en el proceso.

En primer lugar, la digestión empieza en la boca. Masticar y mezclar los alimentos con enzimas es lo que inicia el proceso digestivo. También se envían mensajes químicos desde los receptores de la lengua al cerebro, comunicándole el tipo de comida que hay en tu boca. El cerebro le dice al estómago que se prepare para recibir la comida.

En la boca suceden muchas cosas, y masticar es una parte muy importante de la digestión y asimilación. Si no masticas la comida hasta convertirla casi en un líquido, tal vez no acabe de ser bien digerida y provoque todo tipo de problemas, desde alergias a eccema, fatiga, artritis, trastornos emocionales y cosas por el estilo.

Tengo la costumbre de observar cómo come la gente. Ya sé que es un poco raro, pero el médico que hay en mí parece manifestarse en los restaurantes. Siempre me sorprende lo poco que se mastica. Un comensal cualquiera puede llevarse a la boca un buen trozo de hamburguesa, masticarla tres o cuatro veces a dos carrillos, levantar la barbilla hacia el techo y tragar. En realidad, casi puedo ver ese potaje casi sólido de lechuga mustia, encurtidos, pan blanco y trozos de carne, abriéndose camino por el gaznate, como si fuese la presa de una boa. No sabemos a qué nos exponemos por no masticar.

Así pues, ¿cómo puede ayudar el QE a la hora de comer y hacer la digestión? El QE crea equilibrio. Un sistema digestivo que funcione bien, como cualquier otro sistema del cuerpo, debe mantener el equilibrio para funcionar libre de todo mal.

Realizar QE durante 30 segundos antes de comer marcará la pauta de tu comida. Aminorarás el paso, de manera que tu sistema digestivo pueda prepararse para la comida. Te animará a masticar más los alimentos, y más despacio. Pero si no te parece que puedas acordarte de reservar esos 30 segundos antes de una comida para el QE, entonces hazlo mientras te preparas para comer. Hazte consciente de la Eumoción y luego deja que tu mente piense en la comida que estás a punto de ingerir. Si quieres, puedes añadir una intención acerca de que la comida alimentará y ayudará a tu cuerpo-mente de todas las maneras posibles.

Si padeces una enfermedad relacionada con la digestión, haz QE en cualquier momento. Por ejemplo, si has acabado de comer y tu vesícula te ha dejado un regusto bilioso y sientes náuseas, echa mano del QE. Te sorprenderá. Síntomas como náuseas, ardor y gases desaparecen en pocos segundos o minutos. Tuve un cliente cuyo estómago se hinchaba como un globo cada vez que comía. El cuadro iba acompañado de dolor y gases, y los síntomas impedían que disfrutase de una comida fuera de casa. La primera vez que hicimos QE, tuvieron que pasar varios minutos para notar los efectos. Pero poco a poco, al principio, y luego con mayor rapidez, se podía apreciar que su estómago distendido se derretía como mantequilla en una sartén caliente. Su estómago se iba haciendo cada vez más pequeño y su sonrisa más amplia. La mía también: no más gases.

Aprendió QE y ahora lo hace solo. Su estado físico mejora mucho y también el mental. Ahora sale a comer siempre que quiere, disfrutando tanto de la comida como de las amistades.

El QE permite no sólo un profundo y saludable descanso para el cuerpo, sino que ejerce una influencia armonizadora también en tus emociones. Las emociones como la ansiedad y la cólera tienen un impacto negativo en el sistema digestivo. El QE equilibra emociones que parecen afectar al acto de comer y la digestión. Una mente serena es fundamental tanto para una digestión efectiva como para una buena asimilación.

El que comamos algo no implica que los nutrientes que contenga esa comida serán asimilados en nuestras células. Comer deprisa y corriendo o emocionalmente agitado tiene un efecto devastador, tanto si los nutrientes llegan como si no llegan a las células. Comer estresado puede provocar úlceras en el revestimiento del estómago, estreñimiento o diarrea, problemas de vesícula y páncreas, torsión intestinal, inflamación aguda de las paredes de los intestinos (diverticulitis) y muchas más cosas.

Aunque a menudo se pasa por alto, comer es de extrema importancia para nuestra salud y productividad en general. Solemos pensar en la nutrición como en algo bueno para nuestros cuerpos, pero también nuestras mentes, emociones e incluso las interacciones sociales se ven profundamente afectadas por lo que comemos, cómo lo comemos y cómo lo digerimos y asimilamos. Te sugiero que practiques QE antes, durante y al final de la comida, en una de esas tres ocasiones, o en las tres. ¿Qué podemos perder, aparte de un poco de dispepsia?

Ayudar a los demás

En primer lugar, un compañero tranquilo a la hora de comer ayudará enormemente a que alguien se calme mientras comen. Si la persona con la que comes se atiborra como si estuviera en un concurso de pueblo para ver quién come más en menos tiempo, y si no parece estar abierto a practicar QE, entonces tu QE le ayudará a calmarse. Aunque el QE no es una técnica energética, sí que crea manantiales de energía positiva y regeneradora alrededor de cualquiera que lo practique. Esa energía tranquilizadora se abrirá camino a través de la mesa hasta sosegar al compañero agitado. Se irá calmando y actuará de modo más adecuado a lo largo de la comida. Si su aborrecible comportamiento no responde con la suficiente rapidez, incorpórate, da la vuelta a la mesa, ponle la mano en la frente y haz QE. Con ese comportamiento por tu parte te garantizo que dejará de comer, aunque sólo sea momentáneamente, pero seguro que lo comprenderá.

A propósito, cuanto más consciente se es de la consciencia pura, más paz se genera. Pero no te engañes creyendo que la paz es un barómetro de la consciencia; no es así. El *Bhagavad-Gita*, un antiguo texto en forma de preguntas y respuestas que hacen referencia a los problemas en general a los que se enfrenta la humanidad, advierte que nunca podemos saber lo evolucionado que está alguien sólo observando su apariencia externa o la manera en que nos sentimos en su presencia. Sin embargo, un comportamiento insufrible en la mesa es un indicador bastante claro de falta de consciencia.

Claro que puedes ayudar a los demás practicando QE para mejorar sus malos hábitos alimentarios y para que mejoren los síntomas. No es necesario que pidas permiso para hacer QE para alguien, en ningún momento. Y es así porque en realidad no estás haciendo nada. Sólo te estás haciendo consciente de la consciencia y observando lo que sucede. Tu intención no funcionará en caso de que fuese, en cualquier sentido, perjudicial para esa persona o el entorno. Hacer QE para alguien que te gusta es seguro. De hecho, te animo a que lo hagas.

Capítulo **17**

Fluir en los viajes

Es mejor viajar bien que llegar.

BUDA

Aunque viajamos por todo el mundo para encontrar lo bello,
lo debemos llevar en nosotros o no lo encontraremos.

RALPH WALDO EMERSON

Para algunas personas viajar es divertido, mientras que para otras es un engorro, incluso un horror. Observemos las tres perspectivas, por separado, para ver cómo el Quantum Entrainment (QE) puede ayudar a que viajar resulte más divertido, satisfactorio y fluido. Aunque en principio me vaya a concentrar en los viajes en avión, cualquiera de los consejos de QE para ese tipo de viaje puede aplicarse a los viajes en coche, barco, tren, a pie, en burro o avestruz, por nombrar algunas modalidades. Si te gusta viajar en avión, o al menos lo toleras porque te lleva a donde quieres ir con rapidez (la mayor parte de las veces), estos son algunos consejos de QE para que el viaje resulte más fácil y divertido.

Si viajas atravesando varias zonas horarias, serás proclive a verte afectado por un fenómeno denominado desfase horario.

El desfase horario es una perturbación de tus ritmos circadianos o biológicos, que están regulados por una diminuta zona de tu cerebro, en el hipotálamo, llamada núcleo supraquiasmático. Puedes tomar toda esa información y metértela por una oreja, porque es muy beneficiosa para ti. Y ahora te cuento por qué.

Cuando viajo en avión –sobre todo si atravieso zonas horarias– hago QE durante gran parte del viaje. En general, no leo, ni charlo con otros compañeros de viaje, ni miro por la ventanilla hasta que he hecho bastante QE. Me encanta la tranquilidad, paz y sensación de plenitud que obtengo cuando hago QE viajando, y además lo bueno es que cuando llego a mi destino estoy bastante fresco y, tras estirarme y bostezar un poco, estoy listo para lo que sea. ¿Cómo ayuda el QE a reducir los efectos del desfase horario? Pues yo creo que de la siguiente manera.

Cada 80 kilómetros tiene lugar un cambio en las fuerzas –por falta de otra palabra mejor– que gobiernan esa región de la tierra. Nos vamos haciendo más conscientes de esas fuerzas sutiles de la naturaleza, de las vibraciones y vórtices que influyen en los sutiles reinos más allá de nuestros sentidos. Aunque la ciencia occidental no los ha identificado con ninguna certeza, las culturas orientales y los animales tienen muy clara su presencia.

Los animales se sienten muy cómodos con esos campos de fuerza electromagnética y otros más sutiles, y los usan para guiar sus actividades. Las aves vuelan miles de kilómetros a lo largo de cuadrículas magnéticas sin perderse. Los animales saben dónde existe una aberración en los campos de energía. Si sabemos qué buscar en su comportamiento, podemos saber cuándo se aproxima una tormenta o un terremoto. Mi esposa y yo tenemos una pequeña *shih tzu* llamada Daisy que a menudo empieza a ladrar en la puerta cinco minutos antes de que yo llegue a casa. De la misma manera, si observas a los niños, puedes saber si se acerca el carrito de los helados (aunque eso no son buenas noticias para los padres, creo que al resto nos gustará saberlo, para así no dejar pasar de largo al heladero).

Mi maestro de Meditación Trascendental, Maharishi Mahesh Yogi, nos enseñó que esas fuerzas a las que él llamaba *devas*, influyen en la manera en que la energía se manifiesta en una zona determinada del mundo. «Cada 80 kilómetros, o así —explicó el Maharishi—, la influencia de un *deva* se pliega a la influencia del siguiente, y así sucede por toda la Tierra». Crecer en un lugar armoniza tu cuerpo-mente con esas leyes locales. Por eso te sientes como en casa cuando regresas al lugar donde creciste.

Cuando estudiaba para convertirme en profesor para sordos, aprendí que un buen lingüista puede situar a una persona en un radio de unos 80 kilómetros de donde creció con sólo escuchar sus patrones lingüísticos. Esas leyes locales de energía modelan nuestros cuerpos, mentes y forma de hablar según dichas zonas. Siempre me he preguntado cómo los primeros colonos ingleses, que hablaban un inglés correcto, pueden haber acabado hablando con ese espeso acento neoyorquino o con el habla arrastrada de los que poblaron Georgia.

Cuando viajas más allá de la influencia del *deva* de tu hogar, tu cuerpo se estresa para adaptarse a las nuevas energías que lo afectan. Si caminas, tu cuerpo tiene tiempo para adaptarse a las nuevas leyes. Viajar en coche requiere que cuerpo-mente deban realizar un mayor esfuerzo de adaptación a las energías sutiles que fluctúan con más rapidez. Viajar en avión tiene un efecto mucho más desestabilizador al atravesar todas esas zonas de influencias energéticas. Tiran y estiran tan rápidamente que el cuerpo-mente está siempre desequilibrado. Volar a través de varias zonas horarias aumenta el estrés adicional de la distorsión del reloj circadiano.

Practicar QE mientras vuelas, y en menor medida mientras conduces, te mantendrá en una armonía relativa con las leyes locales mientras estas pasan como un silbido. Ser consciente de la consciencia pura crea una especie de flujo superconductor libre de fricción que permite que el estrés pase a tu alrededor y a través de ti sin interferir con el normal funcionamiento de tu sistema nervioso, el metabolismo celular o los procesos de pensamiento. No obstante, viajar sigue requiriendo esfuerzo y energía, pero al menos no estarás perjudicándote al transgredir las leyes de la naturaleza. Hacer QE mientras pasas por el dominio de cada *deva* es como tener el pasaporte a punto para no quedarte bloqueado en el control de la aduana.

Si volar te produce ansiedad, entonces el QE es para ti. Realiza una buena y prolongada sesión de QE emocional antes de salir hacia el aeropuerto, mientras esperas a embarcar y todo el tiempo que estés en el avión. Recuerda, no debes apartarte de tu miedo, sino observarlo sin temor mientras eres consciente de la consciencia pura. La paz, la calma o alguna otra manifestación de tu Eumoción surgirá en tu consciencia y la ansiedad y el miedo desaparecerán.

Si te mareas, el QE también te ayudará. En principio puedes sentir que las náuseas aumentan durante los primeros minutos. Permanece así mientras la sanación tiene lugar y no tardarás en poder controlar las náuseas únicamente con la consciencia.

Cuando se viaja en coche, el QE puede ser de gran ayuda. Rara vez conduzco con la radio puesta. Me encanta el silencio y para mí la consciencia pura es una compañera afable y alentadora. Y ni en una sola ocasión me ha dicho que conduzco demasiado rápido o que me he dejado atrás un sitio para aparcar estupendo, como una esposa que yo me sé (tú no, cariño. Pensaba en otra esposa que sí lo hace). Acostúmbrate a conducir consciente. Una vez que rompas con el hábito de «necesito un sonido» y apagues la radio, te encantará la totalidad de silencio que te rodea.

Hablando de aparcamientos vacíos: prueba con el QE cuando busques un aparcamiento o estés atrapado en un atasco. Sólo has de tener la intención de encontrar un espacio vacío, o bien, que el tráfico se ajuste a tu intención, y luego te olvides. Con mucha frecuencia te sorprenderá la manera en que la Eumoción obra milagros para ti.

Ayudar a los demás

Cuando conoces el QE, ayudar a los demás a viajar es fácil y divertido. Claro está, deberás permanecer atento para aprovechar el momento adecuado, ponerte la capa y los leotardos y aparecer como SuperQE para salvar la situación... Los problemas más comunes observados en un aeropuerto, por ejemplo, son cansancio, irritabilidad y el síndrome del «llego tarde, llego tarde a una cita muy importante». Puedes ayudar a compañeros de viaje desconocidos con QE a distancia. Puedes hacer lo mismo por la familia y amigos con un toque ligero o a distancia, si lo prefieres. ¿Que los niños están un poco inquietos? ¡QE! ¿Qué has de ir a los aseos pero no puedes levantarte del asiento? ¡QE! ¿Hambriento, aburrido o mal? ¡QE, QE, QE! Piensa primero en el QE y luego en todo lo demás. El QE siempre ayuda, nunca perjudica y sienta tan bien...

Capítulo 18

Superar problemas económicos

El dinero llegará si primero buscamos el Reino de Dios...
El resto se nos dará por añadidura.

MADRE TERESA

La luminosidad de la propia calidez es
para mí más valiosa que el dinero.

THOMAS JEFFERSON

Dinero: una bendición y una maldición. El dinero tiene el poder de despertar la mente de un hombre y de encender sus pasiones. Simboliza tanto caridad como deseo, bien y mal. Cuando tenemos suficiente, invariablemente queremos más. Rara vez lo necesitamos. Al final, los asuntos que tienen que ver con el dinero son nocivos tanto al adquirirlo como al gastarlo. El dinero es energía almacenada. Dinero, dinero, dinero, dinero, dinero. ¿Puede haber algún tema más tentador?

Mientras escribo este capítulo, la situación financiera mundial no es precisamente de color de rosa. En todo el mundo, las personas atraviesan dificultades económicas. Hay multimillonarios que han perdido sus fortunas y el asalariado de a pie lucha por mantener la cabeza a flote por encima del mar de deudas que amenaza con llevárselo por delante. Las preocupaciones económicas exigen mucha energía mental y existe mucha ansiedad, e incluso miedo, con respecto a la situación individual, nacional y mundial.

Una preocupación económica siempre consta de dos partes: 1) la realidad del problema, y 2) la preocupación o el miedo que la mente asocia a ese problema. El Quantum Entrainment (QE) puede aplicarse a ambas. Hablemos primero de la segunda parte, de la vinculación emocional.

Ya hemos aprendido que el miedo nace de la dualidad. Es decir, el ego se separa de la consciencia de la pura consciencia y ve el mundo como separado de su Ser. Debe luchar a solas contra lo que percibe como infinitas amenazas a su existencia. Y digo como «lo que percibe como infinitas amenazas» porque un cambio de percepción puede transformar a un enemigo en un amigo. Por ejemplo, si resulta que descubres que un compañero de trabajo que considerabas amigo tuyo actúa de manera sospechosa, murmurando con otros trabajadores a tus espaldas y callándose cuando tú apareces, podrías albergar pensamientos negativos sobre sus intenciones. Y así seguirá hasta el momento en que abras la puerta de la sala de conferencias y todo el mundo grite: «¡Sorpresa!», y: «¡Felicidades por el ascenso!». En un periquete, tu compañero sospechoso se ha convertido en tu mejor amigo. Ya lo ves, todo es cuestión de percepción, y ésta siempre sigue a la consciencia.

Cuando el ego pierde la percepción de la consciencia pura, lo que percibe son carencias. El desear más de lo que realmente necesitamos se debe a la errónea búsqueda del ego en pos del tesoro esencial: la consciencia pura y su reflejo en la mente, la Eumoción. Anclado en la consciencia pura, el ego se expande totalmente y no siente necesidad alguna de conseguir más dinero, más poder o más amor.

Cuando percibimos una falta de dinero, también sentimos miedo o una de sus emociones subordinadas, como ansiedad, frustración o cólera. Obviamente, sentir miedo no resolverá nuestros problemas económicos. De hecho, empeorará el problema al añadirle estrés mental y físico, interfiriendo en cualquier intento razonable de solventar la situación.

El miedo, por sí mismo, puede crear un problema donde no existe. Podemos temer perder dinero, posesiones o incluso a personas amadas cuando la posibilidad de que eso ocurra es ínfima. El QE trabaja de un modo extraordinario y rápido para aliviar el miedo nacido de las dificultades económicas. Paga las deudas del ego en la única moneda que realmente entiende: consciencia pura. Y así, rápidamente, el miedo es sustituido por la paz.

A continuación aparece el testimonio de una mujer residente en Austria que llegó a sentirse casi paralizada por el miedo a sus apuros económicos. Primero le enseñé QE y luego llevé a cabo una sesión de QE a distancia con ella. Esto es lo que dijo sobre la sesión:

Hace bastante tiempo que las preocupaciones económicas forman parte de mi vida. El otro día tuve la oportunidad de experimentar una combinación de Conocimiento/QE con el Dr. Kinslow, sobre este tema. En la primera fase, el Dr. Kinslow me pidió que permitiese que se manifestaran todas las emociones asociadas con mi temor a no disponer del dinero suficiente. En una escala 0-10 obtuve un 10.

Después me enseñó a practicar QE sobre mí misma. Al cabo de unos pocos minutos de práctica, volví a intentar manifestar todas las emociones que acompañan mis preocupaciones económicas. Al hacerlo, me sentí muy contenta y sorprendida. Esas emociones parecían tan lejanas que ni siquiera pude manifestarlas. A partir de ese momento han continuado muy alejadas.

Luego el Dr. Kinslow hizo QE a distancia conmigo. Trabajó en una solución para mi pésima situación económica. Después de la sesión de QE a distancia, tuve una sensación, una profunda sensación de paz en lugar de los viejos temores y preocupaciones. Ahora siento una enorme confianza y el dinero ya no me preocupa. Ha tenido lugar un gran cambio. ¡Muchas gracias!

Bueno, fue fácil. No requirió ningún esfuerzo. El QE alivia lo que suele ser la peor parte de las dificultades económicas: emociones extenuantes. A continuación, ocupémonos de las circunstancias que han originado la pérdida de ingresos.

En este caso no nos ocupamos de casos particulares. Dejamos que la manifestación de consciencia pura a través de la lente del Ser se ocupe de ello en nuestro lugar. La parte más difícil a la hora de hacer QE con un resultado particular en mente es ser capaz de soltar ese resultado percibido por nuestra mente. El apartarnos, esperar y observar la manera en que determinadas fuerzas parecen maniobrar en contra de nosotros y cómo se desarrollan las circunstancias parece contra-intuitivo. Pero así es como se hace. Esperar y observar sólo le parece contra-intuitivo a una mente ávida de manipular las circunstancias a su favor. Así pues, dispones de dos opciones. Puedes utilizar los limitados recursos de tu mente individual, que está motivada por el miedo a fracasar, o bien puedes practicar el QE y permitir que el Ser beba de los infinitos recursos de la creación mientras te concentras en paz. ¿Estás dispuesto a sumergirte en la Nada?

Siéntate en una silla cómoda, donde nadie te moleste durante 5-10 minutos. Haz QE y disfruta de la Eumoción. Hazte muy consciente de tu Eumoción. Cuando te haces más consciente, sientes que la Eumoción adquiere fuerza. Pero la Eumoción siempre es muy intensa. La manera en que la sientes depende de lo consciente que seas de ella.

Cuando tu consciencia esté muy clara y sientas bastante la Eumoción, has de tener una intención simple asentada en el presente. Recurre a algo sencillo y positivo... como «económicamente libre» o «satisfacción de las metas económicas». No seas codicioso. Si lo haces bien, el Ser te proporcionará mucho más de lo que esperas. Puedes incluso imaginarte a ti mismo haciendo algo que te gusta y que indica que estás libre de toda preocupación económica. Sea como fuere, que sea simple y sin expectativas. Diviértete al hacerlo. Si el miedo y la ansiedad no te lo permiten, practica QE sobre las emociones que los acompañan.

A continuación, la tarea más difícil es permanecer apartado y observar para ver cómo se las arregla el Ser en cuanto al resultado. Eso no significa que no debas trabajar para no tener deudas. Debes hacer lo necesario. Tras el silencio del Ser, llega la actividad dinámica de su expresión en tu vida. Haz lo que te parezca adecuado, pero permanece abierto a nuevas opciones, hasta el momento no percibidas. Se te podrían presentar posibilidades poco comunes, incluso extrañas. Analízalas racionalmente. Si no te ofrecen una solución factible, tal vez te den indicios en la dirección correcta. Así es como actúa el Ser. Permanece dispuesto. Al mirar hacia atrás, te maravillará el camino recorrido. Será más fácil y estimulante que el que tú planeabas... Y mucho más exitoso.

A este respecto, puedo añadir un apunte personal. Dos años antes de escribir estas líneas, me echaron de mi trabajo. Tenía muchas deudas y las perspectivas de que un «carroza» como yo encontrase trabajo, eran muy escasas. Me sentí desamparado y deprimido: el caso perfecto para el QE. Un mes después de ser despedido desarrollé el QE y empecé a probarlo conmigo mismo y con otras personas. Una de las primeras cosas en las que trabajé fue en mi economía. Al cabo de cuatro meses escribí *La curación cuántica*. Hice QE para que el libro barriese el mundo, para que ayudase a todos a aprender este proceso sanador tan potente. Ahora, mientras escribo la continuación de *La curación cuántica*, me doy cuenta de que todas las semillas que sembré durante los primeros tiempos del QE, han ido germinando y han acabado floreciendo por completo. No hay manera de que yo solo lo hubiera podido conseguir. Al mirar hacia atrás, me sorprende lo enrevesado del camino, los dones imprevistos y la amabilidad de totales desconocidos, por no mencionar la pura buena suerte que me permitió llevar a cabo mi intención. El momento en que empecé fue también el final. Pude, durante gran parte del tiempo, permanecer apartado y dejar que mi Ser trabajase. Cuando tomaba el control lo único que conseguía era crear esfuerzos, tensiones y disminuir la velocidad de un proceso que estaba bien engrasado y funcionaba impecablemente. Ahora ya dispones de la tecnología, de la sencilla y dulce verdad, para realizar tu deseo más profundo. Es decir, para liberarte del deseo, protegido por los benevolentes brazos de tu Ser.

Ayudar a los demás

Con el QE puedes ayudar a las personas con las dos partes que conforman las dificultades económicas: los obstáculos *emocionales* y los *prácticos*. El trabajo emocional se repasa detalladamente en el Capítulo 8, «Curar las emociones negativas». Para trabajar en las condiciones específicas que rodean las preocupaciones económicas de una persona, hay que conseguir que utilice las intenciones que he mencionado o bien utilizarlas en su lugar. Recuerda que no deben ser demasiado completas ni complejas. A la consciencia pura le gustan sencillas.

Capítulo 19

Los niños

La búsqueda de la felicidad y la belleza es un campo de acción
en el que se nos permite seguir siendo niños toda nuestra vida.

ALBERT EINSTEIN

La información más interesante procede de los niños,
pues ellos cuentan todo lo que saben y luego paran.

MARK TWAIN

La historia de la pequeña y dulce Martina y el malvado y viejo ogro

Érase una vez un pueblo muy atareado, situado en lo alto
de un monte, al otro lado de un hermoso lago azul. Había un
puente de madera muy largo que iba de una orilla del lago a la
contraria. Había tanta distancia que nadie podía ver el otro
extremo de ese puente tan, tan largo.

La gente del pueblo estaba siempre muy ocupada. ¿Qué es
lo que hacía? Bueno, pues todo tipo de cosas importantes,
como repartir el correo, construir casas y escribir muchísimos
números para llevar un registro de todo lo que era importante.

También comían muchas cosas ricas, como rosquillas, magdalenas y helados. Les gustaban, sobre todo, los helados. Creo que su favorito era el de ron con pasas.

Todos los domingos, los habitantes de ese pueblecito tan atareado se reunían en la plaza, bajo el roble, y hablaban del hermoso lago azul, al otro lado del monte. Algunos hablaban de hombres que habían visitado el lago ya hacía muchos años y que volvieron contando lo hermoso que era. Hablaban de lo claro y profundo que era el lago y la manera en que risueños barbos irisados saltaban a sus embarcaciones, se daban la vuelta y les pedían que les rascasen sus suaves vientres. También explicaron cómo patos y tortugas cantaban una canción al sol mientras los cazones sacudían sus colas al ritmo de la música.

Los habitantes del pueblecito atareado se sentían felices cuando hablaban del lago los domingos. Pero al día siguiente, y ya durante el resto de la semana, se olvidaban por completo de ello y volvían a sumergirse en las preocupaciones de sus ocupaciones.

En el pueblecito atareado vivía una muchacha tranquila y feliz llamada dulce Martina. Tenía el cabello rubio como la luz del sol, que le caía sobre los hombros siempre que giraba la cabeza. Sus profundos ojos castaños refulgían como el agua acariciada por el sol siempre que los abría, y probablemente también cuando permanecían cerrados. La dulce Martina usaba unas finas muletas ortopédicas de madera para ayudarse a andar porque sus piernas eran muy, pero que muy débiles. Pero a ella no parecía importarle demasiado porque jugaba con el resto de los niños del pueblecito atareado desde el amanecer hasta el anochecer. Nunca se quejó ni dijo que fuese injusto que ella no pudiera correr ni saltar como el resto de los niños. La dulce Martina siempre saludaba a todos con una enorme sonrisa y felicidad en su cara.

Una de las razones por las que la dulce Martina era tan feliz se debía a que sus padres le habían enseñado a ser valiente y a que después de ello, ya apenas nunca sintió miedo. Y cuando sentía miedo de una fuerte tormenta, con rayos y truenos, o si pensaba en que tal vez bajo la cama vivía un monstruo, recordaba lo que le habían enseñado sus padres, y todos los temores desaparecían. Desaparecía incluso el dolor de sus piernas. Y si se caía de las muletas y se arañaba manos y rodillas, algo que ocurría de vez en cuando al jugar con los otros niños, hacía lo que le habían enseñado sus padres y el dolor dejaba de molestarla. Sus padres lo llamaban el Quantum Entrainment (QE), pero a la dulce Martina le gustaba pensar en ello como en un lugar feliz. Le encantaba ir a su lugar feliz, y siempre iba allí cuando las piernas no le dolían o cuando no tenía miedo. Su lugar feliz era la razón por la que la gente decía que tenía ojos de amanecer.

Cada mañana, la dulce Martina se sentaba frente al espejo y se cepillaba el cabello cien veces mientras cantaba esta canción de cepillarse:

Trala-rala-lá, trala-rala-lí
¿Vas a mirarme a mí?
Soy una niña grande, como ves.
Me cepillo el cabello largo hasta la rodilla.
Trala-rala-lí, trala-rala-lá.

La dulce Marina era muy educada y muy, muy presuntuosa. Le encantaba hacer preguntas. A veces preguntaba: «¿De dónde vienen las nubes?», o: «¿Qué hay al final de los números?», o: «¿Por qué no puedo volar como los pájaros?». Si hubiera podido, habría volado bien alto por el cielo, con los brazos bien abiertos, y cuando se cansase, reposaría en una blanca nube de algodón, mientras observaba a los habitantes del pueblecito ocupado mientras iban corriendo a toda prisa como hormiguitas tras un terrón de azúcar.

Un domingo, mientras los mayores contaban historias sobre el hermoso lago azul, la dulce Martina agarró y tiró de la manga del mayor de los mayores y preguntó con su vocecita: «Por favor, perdóneme, amable señor, ¿pero por qué no preparamos una cesta de picnic llena de rosquillas, pasteles y botellas de refresco, de ese que te hace cosquillas en la nariz al beberlo, y nos vamos de excursión a orillas del maravilloso lago azul?».

Entre los habitantes del pueblecito se hizo un profundo silencio. Todos parecieron ponerse muy serios de repente, y el mayor de los mayores dijo: «Nunca podemos acercarnos al hermoso lago azul, pues bajo el largo, larguísimo puente, vive un ogro malo». Le contaron a la dulce Martina que nunca hablaban del ogro porque no querían asustar a los niños, pues era el doble de alto que un hombre y tenía un talle tan enorme como el del gran roble de la plaza del pueblo, bajo el que se hallaban sentados. Su piel era púrpura, con granos verdes, y tenía aspecto baboso, maloliente y lleno de pupas. El ogro tenía dientes puntiagudos verdes, con trozos de viejos espaguetis que le colgaban de ellos porque nunca se los cepillaba después de comer. Era un ogro realmente desagradable. El aliento le olía a atún, brócoli y calcetines usados, todo a la vez. El ogro tenía un ojo rojo y otro negro y podía ver por detrás sin darse la vuelta. Por eso nadie se le podía acercar por detrás para atraparlo. Muchos hombres valientes lo intentaron, pero nadie sabe qué fue de ellos. Se llamaba Ego el Ogro.

Esa noche, su padre le leyó un cuento acerca de los buenos tiempos pasados a orillas del hermoso lago azul antes de que Ego el Ogro llegase para instalarse a vivir bajo el puente. La dulce Martina quería que fuese así otra vez, y que toda la gente del pueblecito atareado pudiera ir de excursión a orillas del maravilloso lago azul. Así que en cuanto cantó el gallo y el sol asomó su ojo luminoso por encima de los montes lejanísimos, se deslizó fuera de la cama, sigilosa como un ratón, se calzó las zapatillas de terciopelo y se puso ropa de calle. Luego se metió en sus aparatos de madera y partió hacia el larguísimo puente sobre el hermoso lago azul, al otro lado de la colina, en el extremo del pueblo. De camino escuchó cantar a los pájaros y sus crías en los nidos:

Levantad, levantad vuestras cabezas dormidas.
Sacudid las plumas de vuestras colas y abrid los picos.
Es hora de desayunar vuestros escurridizos gusanos
con mermelada y puerros frescos.

Sonrió ante la carcajada de las hojas de los árboles a las que hacía cosquillas la fresca brisa de la mañana al rozar sus vientres. A un lado del prado donde vivía el viejo tejón, se inclinó para recoger una única margarita, luego siguió andando arrastrando los pies de camino hacia el larguísimo puente.

Cuando llegó al puente larguísimo, la dulce Martina se detuvo a escuchar, igual que se hace antes de cruzar una calle por la que circulan coches. Todo estaba tranquilo. Pensó que tal vez Ego el Ogro habría conocido a una ogresa y se habrían casado bajo el altísimo puente en la gran y atareada ciudad más allá de los montes lejanísimos. Pensó que tal vez se habrían ido a vivir bajo un respetable puente en un buen barrio, donde podrían criar una familia de dos ogreznos y un enano feísimo como mascota, de esos que son los mejores amigos de los ogros.

Se acercó lenta y tranquilamente al extremo del puente larguísimo y esperó. Nada. Luego miró a través del puente larguísimo pero no pudo ver el otro lado, así que avanzó. En cuanto su diminuto pie dio el primer paso sobre el puente, oyó un profundo gruñido, como un trueno procedente de un oscuro sótano. El puente se sacudió y balanceó, pero el agua de debajo permaneció calma y clara. En lugar de echar a correr, la dulce Martina (¿ya dije que era una niñita muy valiente?) dijo con su vocecita:

—¿Quién anda bajo el puente?

La voz se hizo más fuerte y gruñona y gritó:

—Soy yo, Ego el Ogro. ¿Quieres que te coma?

—No –tembló la dulce Martina–. Sólo quiero presentarme y saludar.

—Vete antes de que te añada a mi desayuno de serpientes y serrín y, claro, mi complejo multivitamínico diario.

La dulce Martina tenía mucho miedo, pero se metió en su lugar feliz y dejó de sentir miedo. Se plantó en el suelo y dijo en una pretendida voz llena de enfado:

—No me iré hasta que salgas y me saludes como un caballero de verdad.

El puente se sacudió todavía con más violencia y en esta ocasión la voz de Ego el Ogro tronó y rebotó en los montes lejanísimos, llegando hasta las apartadas tierras más allá del pueblo. Todos los aldeanos oyeron el ruido y salieron de sus casas, con sus pijamas, derramando sus tazas de café por el suelo, excepto el granjero que llevaba horas ordeñando las vacas. Todo el mundo mostraba una mueca nerviosa en sus rostros y el tono de sus voces revelaba preocupación. Entonces los padres de la dulce Martina salieron corriendo y gritando de la casa:

—Oh, ¿dónde puede estar nuestra dulce Martina? No está en su cama y no ha desayunado.

Entonces el pueblo entero buscó a la dulce Martina por todas partes, sin encontrarla. Luego, el mayor de los mayores dijo:

—Creo que ha ido al puente larguísimo que cruza el hermoso lago azul al otro lado de la colina en el extremo del pueblo.

Los demás asintieron y reunieron todas las armas que pudieron encontrar. Sacaron escobas, raquetas de tenis, ramas de sauce y guantes de boxeo. Un hombre incluso llevó la bamboleante y vieja espada vacilante de la estatua de Horacio el Matador de ogros, que se alzaba en la plaza del pueblo, junto al roble.

Mientras la gente del pueblo se armaba y decidía quién debía liderar el rescate de la dulce Martina, ésta tenía sus propios problemas. Mientras se alzaba con un dedo del pie sobre el puente, Ego el Ogro se levantó del asqueroso cieno de debajo del puente y se acercó para comérsela. Se arrastró lentamente desde debajo del puente larguísimo, con el cieno chorreando de sus manos y rodillas. Luego se revolvió y resolló de costado, tal y como hacen los ogros, hasta llegar junto a la niñita. Ego se hinchó como un enorme trasgo verde rezumando babas de color púrpura. De sus dientes, que parecían esquirlas de cristal roto, colgaban trozos de espaguetis malolientes, que le caían por los labios hasta la barbilla, a escasos milímetros de su diminuto rostro vuelto hacia arriba.

—Te voy a comer —aseguró.

La dulce Martina empezó a sentir miedo otra vez al mirar al terrible y viejo ogro, pero como seguía en su lugar feliz, sólo sintió temor una fracción de segundo, y luego desapareció. Siguió allí, con las manos unidas por detrás, a la espalda, y sin decir nada. Pensó que era mejor esperar que alguien que está enfadado deje de gritar antes de hablar. Pero el viejo y enfadado ogro rugió todavía más:

—Aléjate ahora o te comeré de inmediato.

Entonces, la dulce Martina hizo una pregunta que detuvo en seco a Ego el Ogro. Le preguntó:

—¿Por qué?

—¿Por qué? –gruñó el ogro, cuyo fétido aliento hizo que la dulce Martina arrugase la nariz–. ¿Por qué? ¿Qué quieres decir con «por qué»?

—¿Por qué quiere comerme? –preguntó ella, con toda tranquilidad.

—Pues porque, porque… eh… Te quiero comer porque…

Pero no pudo acabar la frase. Su mente fue incapaz de encontrar una respuesta. De hecho, su mente no pudo pensar en absoluto. Era algo inusual, pues Ego el Ogro siempre tenía pensamientos a mano. Tenía pensamientos acerca de comer niñitas. Tenía pensamientos sobre tirar fango en blancas y limpias sábanas y en pisotear mariposas y comer con la boca abierta. Tenía todo tipo de pensamientos, pero ahora su mente estaba completamente parada. ¿Y sabes una cosa? Que se sentía bien con el pensamiento detenido.

Ego el Ogro tartamudeó, algo sonrojado:

—Yo, eh… Ahora no se me ocurre, pero sé que hay una buena razón en algún lugar de mi memoria. Sólo, sólo sé… que debo hacerlo.

Pero lo cierto es que ahora no se sentía tan confiado como hacía unos instantes.

Entonces la dulce Martina le preguntó algo que hizo que se fundiese interiormente.

Preguntó con su vocecita:

—¿Qué es lo que más desea de todo?

Era una pregunta de lo más simple, pero por alguna razón, por mucho que Ego el Ogro se esforzó en hallar la respuesta, no consiguió dar con una que le acabase de satisfacer. ¿Deseaba un tesoro digno de un rey? No. ¿Quería comerse a la dulce Martina? En realidad, no. Lo cierto es que le gustaba aquella niñita humana tan pálida. ¿Quería más comida, un puente nuevo bajo el que vivir, o incluso un coche de bomberos rojo de juguete que corriese muy rápido? ¡No, no y no! Cuando pensó en ello, se dio cuenta de que no sabía qué era lo que más quería. Tal vez no quisiera nada.

Ego el Ogro miró el dulce y suave rostro de la dulce Martina y se sintió confuso porque en realidad no quería hacer daño a nadie. Mientras la observaba, la dulce Martina sacó la mano de detrás y le alargó a Ego el Ogro aquella margarita que había cogido del prado junto al camino. Una enorme y brillante lágrima verde se formó en el ojo negro del ogro, que resbaló hasta su barbilla puntiaguda, desde donde cayó al suelo, haciendo un cráter en la tierra.

Dijo la dulce Martina:

—No llore, señor Ogro. Le enseñaré cómo llegar al lugar feliz que hay en su interior y nunca volverá a estar triste.

Y así lo hizo.

Él sintió que su corazón se hacía cada vez más grande, como un globo hinchado con helio. Le daba la impresión de que iba a ocuparle todo el pecho, de tal manera que podría flotar hasta el cielo. Se sintió realmente feliz por primera vez en su vida y también se sintió muy agradecido a la dulce Martina por enseñarle su lugar feliz.

Luego se inclinó profundamente y con su enorme brazo verde señaló hacia el larguísimo puente. Y a continuación habló con una voz amable que hizo que la dulce Martina se sintiese incluso más feliz que antes.

Dijo el ogro, dulcemente.

—Puedes pasar.

Y ella así lo hizo.

Mientras tanto, la gente del pueblo avanzaba lentamente por el camino hacia el puente larguísimo para salvar a la dulce Martina del malvado ogro. No sabían que ella ya se dirigía, a través del larguísimo puente, al otro lado del hermoso lago azul. Avanzaban lentamente porque los de delante no hacían más que encontrar excusas para irse al final de la cola. Treinta y tres aldeanos tuvieron que detenerse y atarse los cordones de los zapatos mientras el resto avanzaba. A catorce se les metieron piedras en los zapatos o se quejaron de ampollas en los pies y tuvieron que sentarse, mientras que siete sufrieron súbitos ataques de lumbago. Once recordaron de repente que habían dejado el fuego de la cocina encendido y salieron corriendo de regreso al atareado pueblecito. La mayoría de ellos eran hombres que no habían cocinado ni un solo día en todas sus vidas, pero que se prometieron a sí mismos que empezarían a hacerlo ese mismo día con tal de no tener que encontrarse cara a cara con el malvado Ego el Ogro.

Finalmente, los aldeanos llegaron al larguísimo puente sobre el hermoso lago azul. Vieron a Ego el Ogro de pie, a la entrada del larguísimo puente, oliendo una margarita. Se dieron cuenta enseguida de que debía ser la margarita de la dulce Martina, porque ningún ogro que se precie podría sujetar, y mucho menos oler, una delicada margarita.

Los aldeanos se enfadaron mucho y se asustaron más, y uno de ellos gritó:

—¿Qué le has hecho a la dulce Martina?

—La dejé pasar por el larguísimo puente –contestó Ego el Ogro.

—¡Mentiroso! –chilló otro aldeano–. Te la has comido.

Y los demás se le unieron con sus gritos y chillidos, agitando las escobas y raquetas de tenis ante un sorprendido ogro.

—Es cierto –aseguró él–. Se fue hacia el otro lado del hermoso lago azul.

El enfado de los del pueblo superó su miedo y se lanzaron contra Ego el Ogro. El hombre con la vieja espada vacilante estaba justo por detrás de los de la primera fila. Pensó que mientras Ego el Ogro estuviese ocupado devorando a los de delante, él tendría tiempo de echar a correr. Aunque blandía la vieja espada vacilante, no era ningún valiente. Sólo quería que la gente creyese que sí lo era.

Justo entonces Ego el Ogro avanzó para enseñarles a los aldeanos la margarita y contarles que se la había dado la dulce Martina, que le había enseñado a encontrar su lugar feliz y que ahora era su amigo. Quería contarles que aquella niña le había limpiado la cabeza de malos, de malísimos pensamientos, y que ahora tenía una sensación curiosa que le hacía sentirse feliz y querer ayudar, en lugar de hacer daño. Cuando se adelantó hacia ellos para mostrarles la margarita, los de la fila de delante cayeron hacia atrás y los de detrás del hombre con la vieja espada vacilante le empujaron al mismo tiempo hacia el frente. El de la vieja espada vacilante tropezó y cayó hacia adelante, y la espada fue a clavarse en la rótula izquierda de Ego el Ogro.

Ahora bien, si a ti te pinchasen en la rótula con una vieja espada vacilante, te dolería mucho, pero después de un poco de agua limpia y un vendaje estarías bien. Pero eso no le sucede a los ogros. La rótula izquierda es el único lugar en que puedes herir a un ogro. Y una estocada con una vieja espada vacilante es la única cosa que puede matar a un ogro.

Y los aldeanos se quedaron observando, y vieron que Ego el Ogro se venía abajo agarrándose la rodilla, y luego sucedió una cosa muy extraña. El cuerpo de Ego el Ogro empezó a volverse cada vez más luminoso, convirtiéndose en polvo de ángel. En realidad, se convirtió en luz y luego desapareció en el aire. Un momento antes estaba allí y luego –*puf*– desapareció.

Cuando fue alcanzado por la espada en la rótula izquierda, Ego el Ogro sintió una extraña sensación, como si su corazón se expandiese de verdad y empezó a flotar hacia el cielo. De camino hacia el cielo, Ego el Ogro miró hacia abajo y vio que el hombre que le había propinado la estocada, daba un paso hacia adelante, levantaba la vieja espada en el aire, y gritaba:

—¡Lo hice! He matado al ogro con mi pericia y astucia. Soy el hombre más valiente del pueblo y todos debéis comprarme cosas y ser amables conmigo para siempre jamás.

Justo entonces sucedió otra cosa bien extraña, pero los aldeanos ya se habían acostumbrado a estas alturas a las cosas raras, porque todo ese día había estado repleto de ese tipo de acontecimientos, y eso que todavía no era ni siquiera hora de comer. Lo que vieron que le sucedía al hombre con la espada les hizo dar un paso atrás y decir:

—Oh.

El hombre de la vieja espada vacilante que se jactaba de haber matado valientemente al malvado ogro, estaba cambiando. Su piel se volvía cada vez más púrpura, con zonas verdes, volviéndose baboso, apestoso y lleno de pupas. Le crecieron unos dientes aserrados, como esquirlas de cristal, con pedazos de espaguetis viejos colgando. Su aliento empezó a oler a atún, brócoli y calcetines sucios a la vez. Y los ojos le cambiaron de

color: uno rojo y otro negro. Los del pueblo empezaron a seña-
larle y a cantar:

—Ego el Ogro, Ego el Ogro, Ego el Ogro…

La vieja espada vacilante se le cayó de las manos, resbaló
por la orilla hasta caer en las aguas claras y profundas del hermoso lago azul, para no volver a aparecer más. Y el hombre
socarrón se convirtió en un viejo ogro malvado. Se sentía tan
avergonzado que se escabulló por la orilla para esconderse bajo
el larguísimo puente. Más tarde, esa misma noche, se marchó a
hurtadillas para vivir en una cueva, en lo más profundo de los
montes lejanísimos, y no se le volvió a ver nunca más.

Sucedió otra cosa extraña. Sí, sí, será lo último que ocurre
en el cuento, lo prometo. Caminando de regreso del otro lado
del hermoso lago azul apareció la dulce Martina, sonriendo
incluso más dulcemente que nunca antes. Y adivina una cosa:
¡Andaba sin muletas! Todos los aldeanos corrieron a su
encuentro, la rodearon y la llevaron a hombros, y sus padres la
abrazaron y besaron, y le dijeron lo felices que se sentían de que
estuviese viva.

—¿Dónde has estado? –le preguntaron.

—Ahora os lo cuento –contestó ella.

Y esto es lo que les contó a los del pueblo acerca de su viaje
a través del larguísimo puente:

—Caminé mucho, mucho tiempo y no creí que fuese
capaz de alcanzar el otro extremo del larguísimo puente con
mis muletas. Me detuve para observar el agua del hermoso lago
azul y pude ver peces que cantaban y jugaban entre las flores
acuáticas. Todo era hermosísimo y yo quería quedarme, pero
una vocecita en el corazón me urgió a continuar. Así que lo
hice. Caminé, caminé y caminé algo más y por último vi el final
del larguísimo puente. Cuando llegué a su extremo, miré hacia

la tierra más allá y no hallé nada. Miré detenidamente a la nada durante cierto tiempo pero continué sin ver nada. A continuación salí del larguísimo puente, yendo a parar a la tierra de Nada, donde sentí que mis pies empezaban a cosquillearme y a disolverse. No era una sensación desagradable, sino más bien asombrosa: como meterte en un baño de agua caliente sin mojarte. Entonces mis piernas se disolvieron en la nada y mi estómago, pecho y brazos también, y luego le tocó el turno a la cabeza. Y todo se disolvió en la nada.

No sé cuánto tiempo permanecí allí, pero no me quedé dormida. Estuve despierta pero sin ver, oír ni sentir nada. De repente, me vi de nuevo de pie sobre el larguísimo puente, en esta ocasión mirando en dirección a casa. Las muletas reposaban sobre el puente, a mis pies, pero ya no los necesitaba, así que allí los dejé. Empecé a andar el largo camino de regreso y entonces sucedió algo asombroso. Mis pies flotaban en el aire, sobre el larguísimo puente. Ascendí y ascendí como un hermoso pájaro. ¡Volaba! Volé sobre las claras aguas del hermoso lago azul, pero lo único que podía ver era el reflejo de mi Ser que me miraba. Fue maravillosamente hermoso. Me sentí valiente, luminosa y muy, muy feliz, y era como si amase todas las cosas. Era como si mi lugar feliz hubiera crecido y aumentado de tamaño hasta llenar todo el mundo.

Volé muy alto, hasta las nubes, y no me cansé en absoluto. Fui rebotando de nube en nube, como si fueran trampolines, y el cabello parecía que también volaba de mi cabeza. Era divertidísimo. Luego me recosté de espaldas en una hermosa y algodonosa nube blanca y miré hacia el cielo. ¿Y sabéis una cosa? Allí vi a un ángel hermosísimo. Tenía unas enormes alas de luz y de sus dientes colgaba lo que parecían trozos de espaguetis de luz angelical. Me saludó con la mano y me envió un beso mientras desaparecía de la vista.

Luego rodé sobre el estómago y eché un vistazo por el borde de la nube. ¿Y sabéis lo que vi? Vi el hermoso lago azul con el larguísimo puente que llegaba hasta la tierra de Nada. Y sobre todo os vi a vosotros junto al larguísimo puente, y todos parecíais muy tristes. Así que bajé para ver qué sucedía. Pero ahora ya estoy aquí. Ya veo que estáis todos muy contentos y eso me hace muy feliz.

Todo el pueblo se dirigió de vuelta a casa. La dulce Martina iba andando de la mano de sus padres. Miraba llena de cariño a su madre y luego a su padre y cuando les miró a ambos al mismo tiempo, en su corazón se encendió una llamarada de amor infinito. Su amor engulló a sus padres y luego se diseminó por todos los habitantes del atareado pueblecito, y todos se sintieron felices sin tener que estar tan ocupados. La dulce Martina caminó con sus padres y todos los aldeanos de regreso al pueblecito, donde vivieron felices y comieron perdices.

En el hermoso lago azul, junto al larguísimo puente, en el lugar exacto donde había caído al suelo la lágrima de Ego el Ogro, brotó una única margarita.

Enseñar QE a tu hijo

La mente de un niño se mueve de manera natural hacia la toma de consciencia de la Eumoción. Es algo que va siendo menos evidente al ir creciendo. Se debe a la influencia de sus padres y docentes controladores, e incluso debido a sus compañeros. Cuando un niño crece abandona el desamparo y la libertad totales de la infancia a cambio del aumento de la capacidad de gestionar y organizar tanto las cosas como a las personas de su entorno. Debe aprender a vivir entre límites impuestos. Este crecimiento es necesario y bueno. Debemos aprender a ser autosuficientes si es que alguna vez podemos ser Autosuficientes. Debemos someternos a las presiones de la edad adulta. Ese no es el problema. El problema es que una vez que hemos aprendido a controlar nuestras vidas, debemos seguir adelante para reclamar las alegrías perdidas de la infancia: la natural consciencia del Ser.

Un niño dejado a su voluntad acaba pereciendo. Debe aprender a sobrevivir. Una vez que domina esas capacidades, ese niño se convierte en adulto. Para completar el ciclo de la vida, ese adulto a continuación debe volver a visitar el reino mágico de la infancia y volver a familiarizarse con su ser. Entonces, las dos mitades se vuelven una. El niño interior ha crecido y el adulto se vuelve más infantil. La suma total es libertad expresada entre límites, que es lo mejor de ambos mundos. En pocas palabras, que podemos nadar y guardar la ropa también en este caso.

Por culpa de la ignorancia o la pereza, la mayoría de los adultos no regresa. Se trata del segundo delito más grave que puede cometer un adulto. El primero es mantener a un hijo en la ignorancia del Ser. Todos los males de la humanidad –y digo *todos* nuestros males– desaparecerían en una generación si nuestros hijos pudieran aprender a ser adultos libres totalmente conscientes de su Ser: el nivel más perfeccionado de la creación, el hogar de la Eumoción. Estoy ofreciéndote la oportunidad. Enseña a tus hijos –enseña a todos los niños– las sencillas normas de la consciencia del Ser. Dale la oportunidad de liberarse ahora y de conservar esa libertad en la edad adulta. Permítele aprender que su Ser es una presencia que permea todos los cambios. Ofrécele el mayor de los regalos que jamás recibirá, y luego apártate y observa el sosegado descenso de la paz en la Tierra.

Las edades a los que un niño puede aprender QE varían dependiendo del niño. Puedes empezar preparando a tu pequeño para que aprenda QE tan pronto como pueda identificar las emociones. Si tu niño es muy pequeño, tal vez necesites ayudarle a aprender a identificar emociones positivas y negativas antes de aprender QE. Será de gran utilidad para el niño cuya cultura pudiera animarle a reprimir sus emociones para prepararse de cara a la madurez. Una vez que un niño sabe lo que siente, puede aprender QE.

QE para niños

— Realiza una actividad que provoque una reacción positiva en tu hijo, como felicidad, diversión, entusiasmo, amor, etc.

Cuanto más tranquila sea la emoción, más fácil es dirigir la mirada hacia el interior, por lo que felicidad y amor serían preferibles a entusiasmo o diversión. Leer un cuento como *La dulce Martina y el viejo ogro malo*, en el que los personajes expresen emociones, es una excelente y tranquila actividad de cara a nuestros propósitos.

— Cuando tu hijo sienta una emoción positiva, pídele que la identifique.
— A continuación pídele que permanezca muy tranquilo y que observe o sienta esa emoción para ver qué sucede.

Hazlo durante 5 o 10 segundos, ya que la mente del niño querrá corretear tras otras cosas.

— Señálale que cuando observa sus emociones con tranquilidad, empieza a sentirse más tranquilo o feliz interiormente.

¿Ves qué contento estás por dentro cuando observas tranquilamente una bonita sensación?

— Pídele que observe la felicidad, o cualquier Eumoción que tenga, y que te cuente qué pasa. Puede que entonces te diga lo que piensa, siente o que te cuente un cuento.

— Permítele hablar durante más o menos un minuto, para luego realizar una pausa y preguntarle si esas buenas sensaciones siguen estando ahí. Puede que diga que sí.

— Pídele que vuelva a observar su buena sensación e indícale que le hace que se sienta feliz interiormente.

— Continúa con este ciclo incluso una vez finalizada la actividad. En poco tiempo, sólo tendrás que recordar a tu hijo que observe interiormente su sensación de felicidad, para que la identifique de inmediato. Tu hijo no tardará mucho en darse cuenta de que su buena sensación (Eumoción) está siempre ahí. Esa alegría la llevará consigo a la madurez, y la compartirá con el resto de nuestro mundo sediento de Eumociones.

El principio...

Apéndice A

Preguntas frecuentes
y sus respuestas

Contenido

1. ¿PUEDE EL QE AYUDARME A QUERERME A MÍ MISMO?

Cada mañana voy a trabajar en bicicleta. Es un recorrido muy bonito de unos 10 km a través de un bosque precioso. Cuando estoy allí, me hallo en contacto con montones de energía. Ayer tuve esas buenas sensaciones de manera espontánea y por ello me dije a mí misma que debería ser capaz de respirar más hondo y con más fuerza. Realicé QE mentalmente y pocos segundos más tarde sentí que mi respiración había cobrado mucha fuerza. Di las gracias al Universo por esa experiencia.

Tengo dos preguntas. Durante unos cuantos meses me he sentido deprimida, sin ser capaz de quererme a mí misma. Mis padres me enseñaron que es importante hacer todo lo posible por los demás pero no por uno mismo. ¿Es posible curarme a mí misma con QE? Y de ser posible, entonces ¿cómo? Para mí se trata de un problema muy emocional y no dispongo de la energía adecuada para hacer QE.

La segunda pregunta es fácil. ¿Puedo hacer QE para otras personas sin que lo sepan? ¿Necesito su permiso? Siento que el QE puede ayudar a salvarnos a nosotros mismos y a la Tierra.

RESPUESTA: Gracias por tus amables palabras. El mundo, como tú y yo, es consciencia pura. A cierto nivel no es necesario salvar a nadie ni a nada. Es la percepción de las diferencias lo que permite al ego separar y catalogar entre negativo y positivo. Al final todo se arreglará. Lo mejor que podemos hacer es practicar QE y aumentar nuestra consciencia de la consciencia pura. Eso es realmente lo único que hacemos, o hemos de hacer. El resto se hará por sí solo. Ya lo verás.

A continuación, vamos a ver ese problema de quererte a ti misma. Hay dos yoes: el yo pequeño, o «yo», y el Ser universal, que es Amor puro e imperecedero. Al yo pequeño me gusta denominarlo «yo» para evitar las confusiones. «Yo» es la parte relativa y cambiante de nosotros que tiene pasado y futuro.

Carece de presente. El presente es donde habita el Ser. El «yo» es lo que uno cree ser. Podrías decir que eres una mujer, que tienes 35 años, eres madre, a la que no gusta el trabajo que tiene pero a la que le encanta pasear por el bosque. ¿Te das cuenta? El «yo» es restringido y modificable. El Ser no lo es. El Ser es el primer destello de consciencia con forma. ¿Conoces otro nombre para el Ser? También se le puede llamar Eumoción.

Así es. El Ser es Eumoción. Así pues, el amor del Ser es simplemente consciencia de la Eumoción. ¿No es así? Cuando eres consciente de la Eumoción, te sientes bien, ¿a que sí? Te sientes sosegada o en paz o alegre o llena de gozo. Primero, hazte consciente de la consciencia pura y luego presta atención a la sensación resultante: será tu Eumoción o tu Ser interior e infinito. Siempre aceptarás a tu Ser cuando seas consciente de él. Es así de fácil. El QE es un método directo de amor al Ser. No tienes más que practicar QE en todas sus modalidades para que cada vez te sientas más enamorada de tu Ser.

No necesitas el permiso de nadie para hacer QE. Y la razón es que tú no estás haciendo nada. Sólo tienes tu intención y luego te haces consciente de la consciencia pura y dejas que ésta haga todo el trabajo. En realidad, no hay tú, ni yo, ni ellos. Sólo hay una consciencia y por ello no necesita ningún permiso para hacerse nada a Sí misma. En realidad, uno no puede hacer nada, pero dejaremos eso para otra ocasión. Yo, tú y todo eso, que forma parte del universo aparente, no es más que una ilusión; es un sueño de separación. La consciencia pura y la Eumoción nos permiten despertar y observar el desarrollo del sueño. Es como cuando estamos dormidos y empezamos a soñar que estamos despiertos y que soñamos (dormir lúcidamente). Nos hacemos conscientes de que estamos soñando el sueño despierto. Nos sumergimos en consciencia pura, que elimina cualquier intención negativa o errónea. Con el QE no podemos causar daño alguno, por ello, si no hubiera que hacer QE para alguien en particular, y sin embargo lo hacemos, no funcionará. Así de simple.

2. ¿PUEDE EL QE AYUDARME CON MIS PROBLEMAS EMOCIONALES?
Mi pareja sufre problemas emocionales. ¿Puede ayudarle el QE?

RESPUESTA: No tenemos que preocuparnos de por qué sufre alguien, de la causa, como si por ejemplo se debe a una infancia horrible o a problemas de autoestima. Ni siquiera hemos de saber qué provoca un problema físico como lumbago o un tobillo torcido. Lo único que hemos de saber, de conocer, es la consciencia pura. Cuando somos conscientes de la consciencia pura, la sanación sucede por sí sola, tanto en nuestro receptor como en nosotros.

Ya ves, cuando alejamos nuestra consciencia de la consciencia pura, olvidamos que es el poder armonizador de todo lo creado. Nos dejamos arrastrar por las olas de nuestras vidas cotidianas. Cuando nos anclamos en el océano de consciencia pura, las oleadas de preocupación y dolor no pueden alterar nuestro curso. Bueno, creo que he llevado esa analogía un poco lejos, pero me parece que sabes a qué me refiero. Tu pareja está anonadada por los resultados de sus acciones, que pasan por alto el sentido más profundo… la paz absoluta.

El QE no cura nada. La gente y las técnicas no curan. La consciencia de la consciencia pura cura. El QE nos enseña cómo ser conscientes de la consciencia pura. Si tu pareja se vuelve consciente de la consciencia pura, entonces sanará. Se curará gracias a la sabiduría de la consciencia pura y no según nuestra conveniencia. Así que prepárate para hacer QE y luego no tendrás más que observar lo que sucede. Por esta razón, no puedo decirte cuántas sesiones de QE harán falta. Sólo puedo decirte que al final todos los problemas acaban doblegándose ante el poder sanador esencial de la consciencia pura. Y lo hacen rápida y totalmente.

3. ¿Puede el QE influir en el tiempo atmosférico?

Está haciendo un tiempo muy malo —caluroso y tormentoso— y me resulta muy estresante para mis emociones y mi cuerpo. ¿Puede ayudarme el QE?

Respuesta: Los panditas del *Rig-Veda* pueden influir en el clima. Un amigo mío me contó que les había visto hacer que apareciesen y desapareciesen nubes justo por encima de sus cabezas. Si ellos pueden, ¿por qué no vas a poder tú? Yo hice lo mismo en una ocasión pero luego me emocioné tanto y me sentí tan orgulloso que nunca pude repetirlo. Se puede influir en el tiempo de la siguiente manera: piensa brevemente en tu intención y luego haz QE. Si de repente te encuentras sentado en un charco de tu propio sudor y te sobrevuelan un montón de mosquitos, entonces sigue con el QE. Tarde o temprano, el tiempo cambiará. Siempre lo hace. Puedes atribuirte el mérito, si así lo deseas, pero es mejor que hagas QE y luego cuentes los hilillos de sudor que te recorren el rostro.

El clima y otros factores medioambientales siempre tendrán una influencia en el cuerpo-mente. La paz está presente incluso en medio de toda tu incomodidad emocional. Busca la serenidad y en esa serenidad hallarás paz; puede tratarse de una paz sudorosa, pero mejor sudar en paz que sudar y enfadarse o asustarse.

4. ¿Es necesario que toque al receptor?

Soy psicoterapeuta en Alemania y quiero hacerle una pregunta. ¿Es realmente necesario tocar al cliente? ¿Surte igualmente efecto si me limito a estar consciente mientras el cliente me cuenta sus problemas? ¿No debería la consciencia encontrar la solución adecuada y mostrarle el siguiente paso al paciente? Trabajo con mis métodos normales, pero confío en ese otro poder, que es el que guía el proceso.

¿La consciencia pura no debería acompañarnos siempre y poder sanar a otra persona sin saber nada al respecto? En mi opinión, el hecho de que nuestro ego quiera inmediatamente atribuirse el mérito como una forma de logro personal, constituye un grave problema y un peligro. El ego dice: «¡Ah, soy un gran sanador!». Creo que hay que ser muy maduro para trabajar con ese método. ¿Cree usted que el ego también puede crecer con el método del QE?

RESPUESTA: No, no es necesario tocar al receptor (*véase* el capítulo sobre QE a distancia en *La curación cuántica*). Cuando haces QE, en realidad no hay «otro» poder. Sólo consciencia pura. En realidad, no hay ningún sitio al que ir ni nada que hacer. Pero da la impresión de que la curación necesita ser acompañada y que nosotros iniciamos el proceso y luego observamos cómo se desarrolla. He de enseñar este sistema para tender un puente entre el pensamiento común y el no-pensamiento.

No hay que mezclar el Quantum Entrainment (QE) con otros conceptos, ideas, sensaciones, sentimientos ni cosas por el estilo. El QE es muy efectivo tal cual es. Si quieres añadir otra técnica, hazlo después del QE. Utilizar ideas o sensaciones nos devuelve a la mente, el terreno de juego del ego. Cuando se hace QE exactamente como se enseña, el ego se suelta, no se hace más fuerte. Con el tiempo, el QE acabará permitiendo que el ego juegue y se divierta en el campo de la relatividad, pero impedirá que se haga con el mando. El ego se transforma más bien en una especie de mascota graciosa y juguetona, a la que le encanta jugar. Es este un estado de ser gozoso y que no está en absoluto fuera del alcance de alguien que haga QE a menudo a lo largo del día.

5. ¿ES NECESARIO QUE SEPA CUÁL ES LA RAZÓN DEL PROBLEMA?

He estado practicando kinesiología con el Dr. Klinghardt. Ningún problema emocional ni ninguna enfermedad puede existir sin una razón. Ahora bien, si usted cura a alguien con QE, la razón del problema ya existe y, por lo tanto, creo que el problema volverá a presentarse si la persona no modifica la razón de esa presencia. ¿Estoy en lo cierto?

RESPUESTA: En cuanto a los problemas emocionales... Bueno, respecto a todos los problemas, lo que importa no es la causa. La solución es más consciencia pura. El pensamiento tradicional es causa y efecto. Y, si encuentra y elimina la causa, estará eliminando el efecto. Eso funciona en el nivel relativo de la existencia, pero hemos descubierto una manera más fundamental de abordar el problema de problemas. Permitimos que la Eumoción realice la curación. No hemos de cambiar nuestra manera de ser... La Eumoción la cambia por nosotros. Puedes, y debes, continuar practicando tus técnicas curativas relativas. No tienes más que añadir QE al principio y la Eumoción pondrá el resto. Los médicos que han adoptado este enfoque han observado que sus prácticas han mejorado. No han de esforzarse tanto y los resultados son más profundos y de más alcance.

Mi experiencia clínica es que los cambios son notablemente estables. Pero claro, necesitamos realizar más estudios para poder afirmarlo con seguridad. Mi consejo es practicar

QE y observar los resultados. Cuanto más consciencia pura se realiza, más armonía se irradia. Mantenme informado de los resultados de tus investigaciones.

6. ¿CUÁNTOS PROFESORES DE QE HAY EN EL MUNDO?

Mi hermana me ha hablado de alguien que enseña QE aquí, en Alemania. Dice que se formó con usted para enseñar QE. No estoy seguro de ello. ¿Puede decirme cuántos profesores de QE hay en el mundo?

RESPUESTA: Actualmente, en el mundo sólo hay un profesor de QE. Imagina quién es... ¡Correcto! Soy yo. Aunque el rápido proceso curativo del QE puede aprenderse con facilidad, uno no sólo debe ser muy consciente de la consciencia pura, sino que también ha de comprender cómo se manifiesta aparentemente en todos los niveles de nuestras vidas. Dudo que una persona que enseña una técnica a la que llama QE esté realmente expresando los más profundos valores del proceso de QE o experimente consciencia pura claramente. Si fuese así, entonces habría desarrollado su propia técnica en lugar de tomarla prestada de otro. Cuando somos plenamente conscientes de la consciencia pura, no existen limitaciones. Hay suficiente para todos.

He escrito este libro para que cualquiera que así lo desee pueda aprender a hacer QE por su cuenta. Eso es lo que deseo, por encima de todo: ver a millones de personas siendo conscientes de la consciencia pura, y la manera mejor y más rápida que conozco de conseguirlo es a través del QE. Ser consciente de la consciencia pura es el derecho de nacimiento de todo ser humano, y por ello, aprenderlo es natural y fácil. Conozco a muchas personas que han aprendido QE leyendo este libro y que también han enseñado a hacerlo a otros. Eso me hace sentir muy bien. Enseñar QE individualmente es una maravillosa experiencia humana que crea lazos al nivel más profundo. Claro está, siempre existirán impurezas e imprecisiones que se transmitirán junto con la enseñanza; es inevitable. Pero esas impurezas se disolverán con el tiempo porque el propio proceso de hacerse consciente de la consciencia pura las arreglará. Según mi experiencia, hay otras personas que han intentado enseñar QE a grupos y que han perjudicado más que otra cosa. Un grupo aumenta de manera exponencial la transmisión de errores, y una equivocación por parte del profesor adquirirá mucha amplitud.

Sé paciente. Cuanta más gente practique QE, más gente será consciente de la consciencia pura. Luego formaré a profesores y a continuación nos aseguraremos de que lo que aumente exponencialmente sea la consciencia de la pura consciencia.

7. ¿QUÉ INTENCIÓN DEBERÍA UTILIZAR PARA ENFERMEDADES CRÓNICAS COMO ELA?

Tengo 30 años y me han diagnosticado esclerosis lateral amiotrófica (ELA). Es la misma enfermedad que padece Stephen Hawking. La medicina convencional no tiene idea de cómo detener o influir en su avance, así que busco medios alternativos para luchar contra esta enfermedad. Como también soy un fan de la filosofía moderna de la física cuántica, adquirí su libro hace tres días y puedo decirle ¡que me encanta! Su método parece ser muy potente, pero yo experimento ciertos problemas para sentir la consciencia pura fuera de mi cuerpo cuando sigo su ejercicio. Practico diariamente.

¿Es posible utilizar su técnica en la autosanación? ¿Cómo debería formular esta intención de curar? Esta enfermedad es muy compleja y usted dice que la intención debe ser precisa y simple.

RESPUESTA: Sí, puede curarse a sí mismo con el QE, pero al principio suele ser más fácil curar a otros que a uno mismo, porque uno tiende a estar muy apegado a las propias necesidades curativas y ello interfiere.

Aunque el QE no es una técnica energética, cuando uno se hace consciente de la consciencia pura, se crea energía curativa que, de manera natural, se dirige adonde se la necesita. Con la ELA, al igual que con cualquier otra dolencia o enfermedad crónica, el cuerpo-mente absorberá mucha energía curativa y podría ser que no se apreciasen los resultados de inmediato, pero estos llegarán. Lo que no sabemos es qué resultados ni de qué intensidad. Cuando uno se hace consciente de la consciencia pura ocurren sucesos milagrosos. Aunque deberías ser optimista, también debes ser realista. Con toda probabilidad, tu enfermedad continuará avanzando. Si el QE no te cura, seguro que te ayuda física, mental y emocionalmente. Su auténtico valor radica en perder el apego por el cuerpo-mente y en encontrar paz interior. Incluso si tu estado físico empeora, la consciencia de tu esencia interior te liberará del sufrimiento y de los confines de esa enfermedad.

Tu intención de curarte debe ser suave y no deberías apegarte a ella. Es decir, has de tener un único pensamiento acerca de lo que te gustaría que sucediese, practicar QE y luego soltar. «Soltar» significa seguir con tu vida sin buscar resultados. Los notarás cuando aparezcan. Cuando los resultados llegan sin buscarlos, sabes que son reales. Es así de sencillo. Cuanto menos te impliques con el resultado, más efectivo será. Haz QE y vive; eso es todo.

8. ¿POR QUÉ PRACTICAR QE EN MÍ MISMO PARECE MENOS EFICAZ?

He leído su libro con enorme interés y empecé a realizar los ejercicios inmediatamente. Tras algunos intentos en mí mismo, obtuve muy pocos resultados. No obstante, un día me sentí especialmente contento. No estoy seguro de si practico este método correctamente. ¿Es mejor practicar primero con alguien? ¿Tal vez tenga que desarrollar atención primero? Tengo cierta experiencia con la meditación, el reiki, *TLE, etc., que pensaba que serían beneficiosos. Mi problema principal es broncona-sal y a menudo tengo tos. Es probable que también sea alérgico. Me encantaría que me orientase aunque fuese sólo un poco, pues estoy a punto de marcharme dos semanas de vacaciones a una isla del mar del Norte este sábado, donde pienso practicar, o más bien, intentar curarme a mí mismo.*

RESPUESTA: A veces es mejor empezar a trabajar en otra persona. Cuando uno trabaja en sí mismo, está observando, buscando resultados y se pierde la consciencia de la pura consciencia. Repasa constantemente las instrucciones sobre cómo practicar QE que aparecen en la sección 10 hasta que te sientas cómodo practicando QE. Debe resultar fácil, fluido y divertido. No lo conviertas en una obligación. La Eumoción es sutil. No puedes abrirte camino por las buenas. No es como construir una pajarera, conseguir todas las piezas y luego unirlas con clavos y cola. El QE es un suave proceso de demolición, muy parecido a observar la manera en que un castillo de arena se disuelve otra vez en el mar.

Algo estupendo que sí puedes hacer es visitar la página web de QE (www.QuantumEntrainment.com) y participar en el Foro QE. Ahí se junta gente de todo el mundo con el espíritu de compartir lo que han aprendido sobre QE y ayudar a otros a comprender las aplicaciones prácticas del QE. Existe incluso un vínculo para aquellos a los que les gustaría recibir o dar QE a distancia. El Foro QE es animado, alentador y estimulante.

Otra sugerencia sería dar con un amigo o alguien que quisiera practicar QE contigo y trabajar entre vosotros. Practicad a diario, tantas veces como os sea posible; cuanto más, mejor. Ni siquiera tenéis que estar juntos físicamente porque el QE funciona igual de bien a distancia. Cuanto más des, más te curarás. Se trata de un principio curativo muy importante. Da, da, da sin preocuparte de obtener y te sorprenderán los resultados.

Lo mejor que puedes hacer, con mucha diferencia, es practicar QE en ti mismo y en otras personas lo más a menudo posible: 20 o 30 veces al día sería ideal. Practica sesiones a distancia y ampliadas varias veces al día. En el caso de dolencias crónicas como en tu caso, hace falta tiempo. Claro está, también deberás acudir a un médico para recibir un tratamiento adecuado. Primero haz todo eso y luego infórmame sobre cómo te va. Te ayudaré si está en mi mano. Apuntarse a los talleres de QE es de gran ayuda.

9. ¿ES EL QE MENOS EFECTIVO CUANDO LO HAGO PARA LA FAMILIA?

Busco ayuda urgente para mi marido. Está mental y físicamente enfermo y también siente miedo de muchas cosas y personas. Lleva muchos años sin salir de casa. Por la noche no puede dormir y, entre otras cosas, padece disnea, diabetes, dolor abdominal y otros dolores. Lo que más temo es que pueda morir.

No puedo ayudarle porque me siento inútil, pequeña y culpable de su situación. Por esa razón acudo a un psicólogo. He leído su fantástico libro y albergo la esperanza de que el QE pueda ayudarnos a ambos.

RESPUESTA: Si conoces a alguien más que practique QE, procura que trabaje en tu marido, aunque sea a distancia. Creo que tal vez estés demasiado apegada al problema y, como eres nueva en el QE, lo más probable es que busques resultados, que es la mejor manera de *no* obtenerlos. Es algo natural cuando empiezas con el QE, pues quieres ver cambios de inmediato. El QE funciona mejor cuando uno se dirige a la consciencia pura y deja que sea ella la que cure. Tal vez no aprecies los resultados durante un tiempo y que luego, de repente, suceda un milagro.

Al principio, y debido a la gravedad de los problemas de tu marido, podrías no notar grandes cambios. Lo más conveniente es que alguien trabaje con él. No sé cuál es su capacidad mental ni nada sobre sus inclinaciones, pero de ser posible, enséñale a hacer QE y que se lo haga a otros. Eso le sentará bien. Le ayudará a curarse mejor que si trabaja en sí mismo.

10. ¿Puede compararse el QE con Matrix Energetics?

Soy médico y si no fuera pedir demasiado, me gustaría que me orientase acerca de las ventajas de su método en comparación con el de Matrix Energetics de Richard Bartlett.

Respuesta: Es una pregunta muy buena, y una comparación entre ambas técnicas resultaría interesante y valiosa. Por desgracia, carezco de la cualificación necesaria para llevar a cabo dicha comparación. Sólo he leído el libro del Dr. Barlett y me ha parecido muy instructivo e inspirador. En mis talleres tengo muchos practicantes de Matrix, pero a pesar de ello, no podría decir nada sobre la filosofía o la práctica de Matrix Energetics con autoridad.

No obstante, soy experto en QE, y lo que puedo es proporcionarte una comprensión un poco más profunda de la mecánica del QE y dejar que seas tú el que extraiga sus propias conclusiones.

El QE es advaita –la filosofía adoptada por Eckhart Tolle y Ramana Maharshi– manifiesto. El proceso de QE establece al practicante en el Ahora inmóvil, bañándole en la consciencia pura omnipresente, mientras la sanación tiene lugar sin esfuerzo y por sí sola. Es una especie de camino del perezoso hacia el enriquecimiento interior y la consciencia del Ser.

Durante una sesión de QE, el receptor empezará a sentir relajación en el cuerpo a causa del profundo descanso que acompaña al proceso de QE. Luego la paz alcanzará la mente y el corazón. Esa experiencia se vuelve más profunda, en poco tiempo, y el cuerpo podría empezar a balancearse o inclinarse, pues cada célula está infusa de la consciencia de la consciencia pura. Llegados a este punto, la mente podría experimentar largos períodos en los que está libre de todo pensamiento. También es el momento en que pueden manifestarse gozo o alegría: todo parece estar bien en el mundo, tal cual es. Los resultados son, en muchas ocasiones, asombrosos e incluso milagrosos, sobre todo para la mente que desconoce el QE. Para los practicantes habituales, es algo común.

La persona que recibe QE también podría inclinarse o balancearse y de vez en cuando incluso desmayarse, pues está notando una profunda sensación de relajación y dicha. Siguiendo la filosofía de que cuanto más simple, más potente, el QE trata de dirigir hacia el estado más simple y potente de consciencia pura. En realidad, la curación es un efecto secundario del hacerse consciente de la consciencia pura.

La verdad es que el QE no es una técnica de sanación sino más bien un proceso de profundo trabajo interior que lleva rápidamente a una profunda consciencia interior. Algo muy notable si se piensa en ello. Uno simplemente se hace consciente de su Ser interior y la curación tiene lugar sin que haya nada que hacer. El QE fomenta la quietud más allá de la mente. El practicante de QE descubre y mantiene la consciencia pura, observando cómo se refleja en la mente. Se hace hincapié en «no hacer» y los resultados son muy distintos.

Animar a la mente es animar las infinitas diferencias de la vida. Esa es la manera en que solemos contemplar nuestro mundo en movimiento: de relación en relación, de trabajo en trabajo, etc. Es un camino escarpado lleno de alegrías fugaces, luchas y confusión. Cuando la mente se ancla en la consciencia pura, inalterable e ilimitada, el camino se allana y la paz y la armonía empiezan a dominar.

El QE no es un sistema de sanación energético de orientación externa ni una técnica silenciosa de meditación de orientación interna. El QE es una combinación de ambos y ahí radica su importancia. El QE ancla la mente en consciencia pura mientras realiza de manera entusiasta sus actividades, proporcionando lo mejor de ambos mundos y abriendo rápidamente la consciencia de uno al Ser interior y la paz que llega con ello.

El practicante de QE no crea vibraciones ni manipula la materia; tampoco se sienta en silencio en busca de la iluminación. Cuando cura, come o ama, simplemente se hace consciente de la consciencia pura y luego observa cómo la vida se desarrolla en esa consciencia pura omnipresente. Como el QE es un proceso natural de consciencia humana, es muy fácil y rápido de aprender, incluso de un libro. Respirar es una expresión natural de todos los seres humanos. No hay que aprender a respirar; lo único que se necesita es aire. De igual modo, no hay que aprender a curar. Lo único que se necesita es consciencia pura.

11. ¿QUÉ PUEDO HACER PARA SER CONSCIENTE?

No he dormido nada en toda la semana. Ayer fui al médico y me recetó unas medicinas. Mis problemas también tienen que ver con mi trabajo, donde sufro estrés. Dispongo de muy poco tiempo para realizar las tareas domésticas y eso arruina mi cuerpo y alma. Suelo tener taquicardia y por la noche no puedo relajarme ni dormir. Además, alimento temores acerca del futuro. No puedo cambiar mi pensamiento y eso no es bueno para mí. Por desgracia, no tengo a nadie cercano que pueda ayudarme con el QE. Vivo mi vida a solas. De lo único que dispongo es de Internet. Cuando me dediqué a cuidar a mi hijo ahora fallecido, perdí muchas amistades y conocidos. Mi vida gira en un círculo del que me gustaría escapar, pero me resulta imposible hacerlo.

Aunque he leído su libro, no puedo practicar QE. Mi tercer ojo (o consciencia pura) no está abierto. Realmente, no sé cómo seguir adelante.

RESPUESTA: Tu deseo de ser libre acabará hallando el modo de lograrlo. Para ser consciente no debes abrir tu tercer ojo. ¿Ves lo que quiero decir? No tienes que hacer más que ser consciente de que eres consciente y dejar que el resto se haga por sí solo. Probablemente llevará su tiempo, pero no necesariamente. A mayor dificultad, mayor realización. Tanto Ramana Maharshi como Tolle creyeron que estaban muriéndose. Mi cambio llegó tras algunos años tormentosos, como creo que también le sucedió a Karl Renz. Sea como fuere: sé consciente de tu incomodidad. No trates de evadirte de ella ni de esconderte. Has invertido mucha emoción en tu situación. ¿Sabes cómo defino un problema? Un problema es una situación a la que se añade emoción negativa. Así pues, caminar bajo la lluvia puede ser una situación o un problema, dependiendo de si le añades una emoción negativa o no. Observa tus problemas, emociones y pensamientos sin juzgarlos. Si acabas juzgando, observa tu mente mientras está juzgando. Mientras observas con intensidad y claridad tus problemas, el dolor desaparecerá rápidamente. Si regresa, vuelve a repetir el proceso. La situación será la misma, pero tú te liberarás de la emoción negativa que provoca tu sufrimiento.

12. ¿PUEDO SENTIRME CANSADO Y CONFUSO A CAUSA DEL QE?

Los últimos dos o tres días que he estado practicando QE, siento la cabeza vacía y me noto algo confuso.

RESPUESTA: Para la poca claridad del pensamiento pueden existir varias razones: falta de alimento, falta de descanso, estrés, etc. También puede deberse al QE, pero es muy improbable, a menos que hayas practicado durante muchas horas. El QE es muy potente a la hora de liberar el estrés y sanar el cuerpo. Si realizas QE durante largos períodos, como horas al día, puedes sentir a continuación el pensamiento pesado y embotado. Eso se debe a que tu cuerpo-mente necesita más descanso para sanar. También te hará sentir somnoliento porque descanso y sueño es lo que el cuerpo necesita para completar la curación iniciada al nivel sutil y potente de la Eumoción. Descansa y debería desaparecer en uno o dos días. Si no fuese así, busca otra razón para tu ambotamiento mental y fatiga. Podrías tener que consultar con un profesional de la salud.

13. ¿PUEDO HACER DEMASIADO QE?

¿PUEDO HACER QE CON ENFERMEDADES CRÓNICAS?

¿Con qué frecuencia recomienda dar QE; con qué intervalos?

En caso de enfermedad grave, ¿[debería darse] más a menudo o «sólo» QE ampliado?

RESPUESTA: No es posible hacer demasiado QE, pero puede que te encuentres algo desorientado, sobre todo con sesiones ampliadas a distancia. De suceder algo así, entonces lo que estabilizará los resultados será más actividad física y aire fresco.

Los problemas crónicos son invitaciones a realizar todo el QE posible. Las enfermedades crónicas se empaparán de los efectos del QE como esponjas. Haz todo el que quieras. No obstante, no busques resultados.

También debes aplicar QE a los análisis, aparatos, etc. Pero, de nuevo, sin expectativas. Haz QE y sigue con tu vida como antes. Esa es la manera de obtener el mejor resultado: eliminando el miedo y las expectativas. El miedo es lo que nos mantiene pegados en los límites de la enfermedad. Durante el QE, tu percepción se volverá ilimitada. Si se le permite volver a entrar en el mismo sistema de creencias, volverás a adquirir la misma enfermedad. Todos estamos confinados por nuestras percepciones, y por lo tanto necesitamos practicar QE con frecuencia, a la espera de la ocasión en que volvamos a emerger totalmente libres.

Lo que nos mantiene encerrados en nuestro estado es la duda y la desilusión. No intentes eliminar las dudas, limítate a hacer QE y acepta lo que obtengas. Ese es el camino más rápido hacia la liberación.

14. ¿UNA SESIÓN DE QE PUEDE SER MÁS DENSA QUE OTRAS?

La segunda sesión de QE que realicé contigo fue increíblemente profunda y resultó muy curativa casi instantáneamente. ¿Por qué una fue más profunda y eficaz que la otra?

RESPUESTA: En la consciencia pura o con la Eumoción, no hay «profunda». Puede sentirse más profunda o diferente, pero eso es algo subjetivo y no guarda ninguna relación con los resultados. Sea cual fuere nuestra sensación subjetiva, la Eumoción siempre completa la labor curativa. Tus preocupaciones físicas, emocionales o sociales siempre obtienen la dosis completa, a falta de una manera mejor de decirlo, aunque queramos más. Nunca podemos saber con seguridad absoluta qué es lo mejor para cualquier problema cuando se analizan todas las posibles causas y efectos. Pero la Eumoción sí que puede. La curación sucede siempre, la reconozcamos o no. O mejor dicho, la consciencia pura y la Eumoción son perfectas, y nosotros podemos realizarlo así o no. Eso, desde luego, también es perfecto.

15. ¿CÓMO UTILIZO SUSTITUTOS?
   ¿PUEDO APLICAR EL QE A UN GRUPO DE PERSONAS?

Respecto al uso de sustitutos en la curación con el QE a larga distancia, escribe que es posible utilizar una fotografía o incluso sólo el nombre [de alguien] escrito en un papel. En ese caso, ¿hemos de tocar la foto con los dedos o en músculos de nuestro propio cuerpo? ¿Es posible aplicar la curación a un grupo de personas? En este caso, ¿cómo colocamos los dedos y dónde? Desde un punto de vista lógico, debería ser posible, ya que la consciencia pura los incluye a todos, pero no estoy seguro en cuanto a la aplicación práctica.

RESPUESTA: El sustituto es simplemente una manera de concentrar la mente. No es necesario ser muy concreto. La Eumoción sabrá adónde dirigirse y qué hacer. Tú sólo has de dar a la Eumoción un empujoncito en la dirección hacia la que quieres que vaya, para luego retroceder y observar. Puedes utilizar los dedos o no; depende de ti. Si utilizas los dedos, puedes ponerlos sobre tu cuerpo, una fotografía, en el aire o donde lo desees.

En cuanto al QE con un grupo de personas a la vez, ¿por qué no? Yo suelo hacerlo con un grupo en general o bien con un grupo presente en mi imaginación. Luego trabajo con cada persona del grupo individualmente mientras mantengo a todo el grupo en la consciencia pura. La consciencia pura se manifiesta a través de la Eumoción de manera distinta para cada uno de nosotros, así que te invito a explorar y experimentar. El QE no está grabado en piedra, no es inamovible. Está inscrito en Nada. Juega y diviértete. Cuantos más límites traspases, más te sorprenderás.

16. ¿CÓMO PUEDE EL QE MEJORAR LA ECONOMÍA Y LAS RELACIONES DE UNO?

He leído sus tres libros. Ahora sé cómo curar problemas de salud y emocionales utilizando QE, pero ¿cómo manifiesto cambios en [otras] áreas de mi vida? Por ejemplo, ¿cómo mejoro mi economía, mis relaciones y cosas por el estilo? ¿Cómo puede aplicarse el proceso de QE a esas áreas, y concretamente si no sé qué es lo mejor para mí porque carezco de una perspectiva amplia de mi vida? ¿Qué importancia tiene la intención en esta situación?

Por ejemplo, si quiero tener novia, ¿sería la intención algo así como «tengo una relación encantadora con una mujer maravillosa»?

RESPUESTA: El truco es darte cuenta de que tú no controlas nada y que, por lo tanto, en realidad no puedes hacer nada para que la vida sea como tú quieres. Cuando intentamos satisfacer un deseo, en una cara de la moneda hallamos una falsa satisfacción como felicidad y orgullo, y en la otra cara, decepción, frustración y sufrimiento. La belleza de la vida radica en su simplicidad. Busca eso. Por raro que parezca, cuando simplificas la vida se vuelve más plena. Sí, ya sé que suena un tanto críptico, pero eso es lo que hay. La vida está llena de contradicciones aparentes, pero en realidad es totalmente armónica tal y como es.

Bien, esa es la primera parte; debes darte cuenta de que no controlas nada y que la vida es perfecta como es. Obviamente, si la vida es perfecta, entonces no necesitas controlar. Estupendo, ¿no? El ego es el que lo echa todo a perder. Quiere que las cosas sucedan de tal manera que se sienta seguro. Claro está, nunca acaba de sentirse totalmente seguro, así que aceptar el camino del ego es un camino fracturado. Consigues un pedazo de felicidad, un pedazo de tristeza, un pedazo de júbilo, un pedazo de miedo y ansiedad. Pero ¡nunca logras un pedazo de paz! En primer lugar, no puedes conseguir lo que ya tienes y, en segundo lugar, no puedes fracturar la paz.

Lo que realmente deseas es un pedazo de paz. «Dame dinero o una gran relación y estaré satisfecho y en paz». ¿Por qué no ir directamente a la fuente de la paz, a la consciencia pura? Bien, eso es lo que has decidido hacer y está muy bien que sea así. Pero tu mente sigue buscando los pedazos. Ya ves, la paz integral no ha podido abrirse camino en tu pensamiento. Pero no tardará en hacerlo si continúas siendo consciente de la consciencia pura haciendo QE.

Ahora bien, no has de creerte nada de esto ni tratar de trabajarlo desde una perspectiva lógica. El corazón y la mente son dos caminos distintos a la iluminación, pero ambos fracasan justo antes de alcanzar la perfección. ¿Y qué se puede hacer? Toda esta teoría está muy bien, ¿pero qué pasa conmigo, atascado como estoy en el mundo «real»? ¿Qué puedo hacer? La respuesta sigue siendo la misma: nada. No tienes nada que hacer, y cuanto antes comprendas esta sencilla verdad, la meta de cualquier pensamiento, palabra y acto se alcanzará en su totalidad.

Sientes que tu vida es tuya. Es decir, has realizado las elecciones que te han llevado a la situación actual. Y ahora, en el presente, puedes realizar elecciones que influirán en tu vida en el futuro. Pero también sabes que ahora es todo lo que hay. Es tu mente la que sigue creando tiempo como medio para trabajar más allá de tu estado actual. Sientes una carencia que te empuja a cambiar. Eso tiene sentido, ¿no? Tiene sentido para la mente, pero tú no eres tu mente, ¿verdad? Tú eres consciencia. Lo has aprendido en las primeras páginas de todos mis libros. Cuando olvidas que eres consciencia, vuelves a necesitar las muletas ortopédicas de la mente limitada por el tiempo. Entonces, ¿cómo sales de todo eso? Pues también en este caso has de ir más allá de hacer nada y triunfar sin hacer nada. ¿Y cómo haces nada? ¡QE!

Teóricamente ya tienes la respuesta para tu pregunta, y yo he jugado un poco contigo, pero por una buena razón. Si confías en el QE para conseguir tus «cosas», entonces estarás jugando en el terreno de la mente cambiante. El valor del QE reside en que primero «conoces» a tu Ser y luego dejas que las cosas sucedan por sí mismas. ¿Lo ves? El QE te invita amablemente a abandonar el control y te recompensa con todo tipo de cosas cuando así lo haces. Pero olvídalo por un instante y concede más valor a esas cosas que a tu Ser y habrás convertido el QE en otra técnica curativa energética. No olvides tu Ser. No olvides ser consciente de la consciencia pura. Entonces verás que todo llega hasta ti. De hecho, te llegarán más cosas de las que podrías haber imaginado. Esa es la pura verdad. Sé consciente y luego deja que la vida llegue a ti. ¡Eso es! No se necesita nada más.

Prueba este experimento la próxima vez que conduzcas un coche. En lugar de pensar que estás en un coche moviéndote por las calles y recorriendo la ciudad, piensa que estás sentado inmóvil en el coche y que todos los edificios, coches y la gente vienen a tu encuentro. Fíjate en que te sientes más relajado, menos estresado cuando las cosas vienen hacia ti. Se trata tan sólo de un cambio de perspectiva: la diferencia radica en cómo nos sentimos y comportamos. Lo mismo sucede cuando nos damos cuenta de la consciencia pura. Cuando sucede, nuestro mundo se crea sin nuestra implicación. Nos convertimos en inocentes testigos mientras la creación se despliega ante nosotros. ¡Qué alegría! Simplemente somos conscientes. No se necesita nada más.

Para contestar a tu pregunta de manera concreta, limítate a ser consciente de lo que quieres de la manera más inocente y general, y luego haz QE. Puedes hacer QE con el cuerpo, utilizar un sustituto o simplemente recurrir a la imaginación. Genera esa idea inocente de lo que quieres y luego suéltala. Deja que la consciencia pura se haga cargo de ella, la alimente y luego te la devuelva más íntegra de lo que podrías imaginar. Siéntate con el corazón. Es decir, sé consciente de la Eumoción y permanece en esa sencilla consciencia del Ser. ¿Lo ves? No tardarás en abandonar la idea de querer o necesitar y entonces será cuando obtengas lo que realmente quieres.

17. ¿PUEDE LA «LEY DE LA ATRACCIÓN» PROVOCAR MÁS PROBLEMAS?

Usando el QE y los ejercicios (la «técnica de la puerta» y la de la consciencia pura) estoy más sosegado. Aunque de vez en cuando mi cuerpo experimente reacciones de temor —como cuando transpiro— me siento cada vez más en paz.

He hecho lo que he mencionado. Sentía el deseo y utilizaba el QE para ello, sin usar una intención concreta, y tengo que decir que me sentí

*muy bien en cuestión de minutos. Sentía mi deseo de tener novia, lo
visualicé y utilicé QE para ello, y ahora me siento muy bien.*

*Así pues, ¿si trabajo en un temor que albergo, no sería mejor
visualizar la situación que temo, para luego usar el QE, a diferencia de
limitarme a utilizar una intención tipo «Ahora me libero de...»?*

*También he de decir que me gusta su «filosofía» de no intentar
controlar la vida. Quiero decir que hay muchas «enseñanzas espirituales» como la Ley de la Atracción, que básicamente te sitúan de vuelta en
la mente, y provocan que desees más cosas materiales. Con el QE es justo
lo contrario. Abandonas todos los deseos y permites que la Eumoción
haga lo más conveniente.*

RESPUESTA: Tienes razón acerca de que la filosofía de la
Ley de la Atracción crea mayor deseo. Gracias por tu observación. Es una reflexión muy importante. La clara observación
de lo que es apagará cualquier deseo llenándonos con el objeto
de todo deseo: la consciencia pura. No es necesario tratar de
manipular las cosas, los pensamientos ni las ideas para lograr lo
que necesitas. Siendo totalmente consciente estás en casa, libre.

Y sí a tu primera observación. Ser consciente de la emoción o del acontecimiento emocional molesto y luego hacer
QE será mucho mejor que una mera declaración de intenciones (repasar el Capítulo 15, «Curación psicológica» de *La curación cuántica*).

18. ¿CUÁL ES LA DIFERENCIA ENTRE CONSCIENCIA PURA Y EUMO-
CIÓN? ¿POR QUÉ NECESITAMOS UNA TÉCNICA?

*La idea de aplicar el poder de la «consciencia pura» es para mí, que
soy físico teórico, de gran importancia, no sólo porque se ajusta a los
resultados de mi ciencia, sino también porque está libre de cualquier
creencia o dogma. Y claro, porque ofrece a todo el mundo la posibilidad*

de ser aplicada directamente en su propia vida y para cualquier vida en este planeta.

A continuación, tengo algunas preguntas sobre la aplicación del QE.

1. *Tras escuchar su «proceso de consciencia pura» en Mp3, no sentí nada al final. No diría que tuve una «sensación», sino más bien un vacío total, una «no-sensación» ¿Está eso bien o lo procesé erróneamente?*

2. *No estoy seguro de cómo habría que aplicar el QE a personas que viven lejos o incluso a todo el entorno.*

3. *¿Por qué necesitamos una técnica? ¿No basta con estar en la consciencia pura?*

RESPUESTA: 1. La sensación de nada está bien. Nada es el «orden implicado» de Bohm o la consciencia pura; no debe confundirse con el punto cero o estado vacuo. En el estado de nada, cuando se pone atención, se descubre que el cuerpo está relajado y la mente muy sosegada. Ese sosiego es la Eumoción, que es comparable al punto cero y es el primer vislumbre de la consciencia individual. Es tanto ilimitada como individual. Es decir, el aspecto universal de lo individual. También me refiero a él como el Ser. Te concentraste en la consciencia pura, eso es todo. La Eumoción estaba presente en ello, pero tu perspectiva se centraba en la nada; consciencia pura. Qué bien.

2. Sí, para llevar a cabo QE a distancia puedes utilizar tu propio cuerpo, una foto, la imaginación, un animal disecado, cualquier cosa que te parezca natural. Asegúrate de *no* buscar resultados. Eso es muy importante. Limítate a hacer QE a distancia y acepta lo que llegue. Te sorprenderá.

3. La técnica es una herramienta de aprendizaje. Libera a la mente de otras cosas y le permite dejarse imbuir de consciencia

pura/Eumoción. Si puedes llegar directamente a la consciencia pura, entonces fenomenal. Eso es puro QE, consciencia pura sin la pretensión de intentar nada. Es verdaderamente la única manera en que puede experimentarse la consciencia pura. La técnica del QE sólo engaña a la mente para no pensar.

19. ¿NECESITO LA TÉCNICA DE LA CONSCIENCIA PURA PARA HACER QE?

¿Cómo puede uno permanecer en un estado de consciencia pura sin utilizar la técnica de la consciencia pura? ¿Puede explicarlo, por favor? (Se puede descargar la técnica de la consciencia pura de la página web www.editorialsirio.com).

RESPUESTA: En realidad, no es posible hallarse fuera del estado de consciencia pura. La cuestión es: «¿Somos conscientes de la consciencia pura?». Pero, para responder a tu pregunta concreta, el QE permite que la mente evite su atracción por las formas de cosas e ideas y experimente lo infinito. Ofrezco la técnica de la consciencia pura para que la consciencia de la consciencia pura resulte más obvia. A algunas personas les gusta la idea de que son guiadas y la escuchan a diario. Pero puedes hacerlo con la misma facilidad y mayor rapidez con el QE.

Existen infinitas maneras de hacerse consciente de la consciencia pura. Por ejemplo, los *Shiva-sutras* enumeran 112 maneras de liberar la mente de sus limitaciones. Para enseñar a hacerse rápidamente consciente de la consciencia pura, desarrollé el QE, que permite un acceso fácil e inmediato a ese océano de nada, que, cuando se entra en contacto con el mismo, refleja paz y dicha en la mente.

20. ¿Puede el QE ayudar en las enfermedades genéticas?

A mi hijo adolescente le encanta escuchar la «técnica de la puerta» (puede descargarse gratuitamente en www.editorialsirio.com). La hacemos juntos casi a diario. La gente joven de hoy en día está maravillosamente abierta a lo que está bien. No oponen ninguna resistencia intelectual a aceptar algo nuevo.

Tengo la presión muy alta, alrededor de 14:9,5. Los médicos dicen que es cosa de familia y que se llama «hipertensión hereditaria», y que no puede cambiarse. Me siento como una vela encendida en ambos extremos, que se consume con enorme rapidez.

Apliqué el QE las dos últimas madrugadas mientras estaba en la cama, ya que me preocupa mi situación económica actual. Al tomarme la presión antes de desayunar, vi que ayer y hoy era inferior a 9. ¿Es una señal que indica un pequeño éxito? ¿No tendría un consejo sobre cómo podría tratar esta situación en la que me resulta imposible relajarme interiormente? Creo que tiene usted toda la razón en lo referente a la curación mediante consciencia pura y todo lo demás.

Respuesta: Estás en lo cierto: el QE ayudará con la tensión. Se sabe que el QE ejerce un notable efecto en la tensión arterial cuando se practica con asiduidad, igual que la «técnica de la puerta» (descárgala gratuitamente de www.editorialsirio. com). Existen nuevas pruebas que demuestran que puede cambiarse una dolencia. *No* tenemos que resignarnos a ser esclavos de nuestros genes. Consigue un libro titulado *El genio en sus genes*, de Dawson Church, o *La biología de la creencia*, de Bruce Lipton. Creo que te animará. Las últimas investigaciones sugieren que la percepción puede alterar la función genética. Cuando hacemos QE nuestra percepción se escabulle de las ataduras de las limitaciones. Y ni siquiera hay que creer en el QE para que funcione. La percepción de la consciencia pura

248 ────────────── El secreto de la VIDA CUÁNTICA

funciona en todo el cuerpo-mente a la vez. Le ofrece a la mente algo que no puede conseguir de ninguna otra manera: libertad total. La mente está siempre ocupada con las cosas y asuntos de la vida cotidiana y eso crea fricción mental, por así decirlo. Dicha fricción procede del trasiego de pensamientos. Eso hace que sintamos que los pensamientos y las cosas parezcan no tener fin. Llegan con tanta rapidez que no podemos apreciarlos y, por ello, es posible que nos preguntemos: «¿La vida sólo consiste en esto?». La respuesta es: «No, hay más... o, en realidad, menos». Cuando se trata de equilibrar y armonizar la mente, menos es más, pero nada es el no va más. La consciencia pura es la nada que sosiega la mente y alivia el cuerpo.

21. ¿CÓMO PUEDO HACER QE CUANDO ME AFERRO A LOS RESULTADOS?

Ya le hablé de mi perra Marcie, que está muy enferma. El problema sigue ahí. Le di QE cada día, pero no tuve éxito. Usted me dijo que tal vez estaba demasiado apegada a Marcie. ¿Cómo puedo ayudar a mi perrita sin estar apegada a ella? Esta perrita es mi niña (no tengo hijos), y me duele mucho verla sufrir. Ya sé que soy así, pero no es fácil dejar de estar apegada.

RESPUESTA: Es posible que practiques QE correctamente. No hay manera de saberlo a menos que yo pudiera comprobar cómo lo haces. No te preocupes por tu técnica. Puedes seguir apegada a Marcie, no pasa nada. Pero no te apegues a los resultados del QE. ¿Comprendes la diferencia? Ama profundamente a tu perrita pero no te obsesiones con el QE. Si practicas QE de manera adecuada, todo lo que ocurra estará bien. La Eumoción decide qué se cura y cuándo, pero tú y yo carecemos de ese poder decisorio. Esa es la parte que más le cuesta aceptar a la gente, pero cuando lo consigue, la vida cambia de manera milagrosa. Cuando sucede, observas todas las cosas y circunstancias en toda su perfección. Eso no significa que no exista el conflicto, pero se ve a un nivel local, limitado. Se conoce la perfección cuando sobreviene la consciencia de la consciencia pura. Entonces, incluso puede aceptarse el conflicto como una parte vital y luminosa del todo.

Por favor, no te preocupes de si estás practicando QE correctamente. Vuelve a leer las instrucciones y a continuación diviértete con el QE. Empieza con cosas pequeñas, como molestias y dolores. Una vez que tengas éxito con eso, estarás lista para dedicarte a problemas más graves y crónicos. Puedes hacerte con un ejemplar de mi primer libro, *Beyond Happiness: How You Can Fulfill Your Deepest Desire*. Ve directamente al último capítulo, «When You Become Enlightened». Leerlo te ayudará a comprender algunos problemas a los que te enfrentas y a tener más claro el funcionamiento del proceso de QE.

22. ¿PUEDE EL QE AYUDAR A LA GENTE COLÉRICA?

¿Tiene experiencia con tratamientos de QE para gente muy agresiva? Mi sobrino es muy agresivo y es propenso a la violencia. Su padre ya fue así, y también su abuelo. Tiene 17 años y es muy colérico. No se siente amado ni aceptado. Ya he intentado hacer QE a distancia con él, cuando está muy dormido, porque no cree en estas cosas. Siempre fue muy importante para mí, aunque temo su temperamento, porque cuando se enfada, chilla y da portazos. Es muy fuerte y parece bastante mayor de lo que es. Es un chico que me preocupa mucho. ¿Cree que esto funcionará en este caso? He perdido parte de mis esperanzas.

RESPUESTA: Lo primero que hay que recordar es asegurarse de estar físicamente a salvo. El QE hará maravillas con la cólera y la gente violenta, pero por lo general requiere tiempo, sobre todo si ofrecen resistencia ante la posibilidad de trabajar su problema. La seguridad es lo primero y luego puedes utilizar QE.

Hacer QE para tu sobrino tiene dos grandes ventajas: con el tiempo apaciguará su cólera y creará una atmósfera más sosegada. No sólo es bueno para ti, sino que le ayudará a estar tranquilo cuando esté cerca de ti. Se trata de una protección psíquica sutil que influye en ambos a un nivel muy tranquilo.

Deberías practicar QE ampliado al menos dos veces al día durante 10-30 minutos en cada ocasión. Un buen momento es antes de acostarse y al despertarse, pero cualquier momento está bien. También puedes hacer sesiones más cortas, según veas.

23. ¿TRABAJA USTED CON VIAJES EN EL TIEMPO O FRECUENCIAS DE ENERGÍA?

Este año aprendí Matrix Energetics en Miami. Después leí su libro. De hecho, lo he leído dos veces. Gracias por un libro tan estupendo e interesante. ¿Trabaja también con viajes en el tiempo? ¿Dispone de algunas frecuencias sanadoras adicionales?

Se lo pregunto porque veo diferencias entre QE y Matrix Energetics. El Dr. Bartlett enseña todo eso pero yo sé que en realidad el tiempo no existe. Me gusta la manera en que usted presenta el concepto de salirse del tiempo. Le agradezco por adelantado su respuesta, y muchos saludos desde Alemania.

RESPUESTA: Viajar en el tiempo no es una preocupación cuando llevamos a cabo el trabajo de QE/consciencia pura. Una vez que experimentamos la consciencia pura, no necesitamos nada más. De hecho, no podemos hacer nada. Hacer es una ilusión, resultado de una mente encapsulada en el tiempo. Así que si quieres viajar en el tiempo, debes creer en la ilusión del tiempo. Prácticamente, todos debemos trabajar en la ilusión del tiempo, pero no tenemos por qué creer en ella. En realidad, «creer» no es la palabra adecuada. Sólo podemos salirnos del tiempo cuando somos puramente conscientes de la consciencia pura. Luego la vida continúa como antes, pero de alguna manera estamos más allá y dentro del mismo no-tiempo. En este caso la experiencia vale más que mil palabras.

Dicho lo cual, una vez que somos conscientes de la consciencia pura, no hay razón por la que no podamos actuar en la ilusión. La vida está repleta de consciencia pura. Cuando conoces la consciencia pura, luego puedes ocuparte del trabajo energético, o de lo que quieras. La consciencia pura primero, y luego todo lo demás. El trabajo energético en sí mismo es estupendo pero carente de base sin una percepción directa del lugar de procedencia de la energía. El trabajo energético sin consciencia pura tiende a centrarse en la energía y los límites, olvidando la totalidad de lo ilimitado.

24. ¿Puedo utilizar una imagen en lugar de una intención?

Antes de practicar QE, elijo una intención. ¿Por qué no imaginar simplemente una imagen positiva de mi cliente, lleno de alegría y felicidad? ¿No elegir una intención significa limitarme? La imaginación incluye mucho más que las palabras precisas. Ya sabe, una imagen vale más que mil palabras.

Respuesta: No importa si usamos palabras o imágenes para la intención. La Eumoción comprende antes que nosotros formemos la imagen en nuestras cabezas. Cuando creas una imagen clara de lo que quieres, en realidad estás limitando las soluciones ajenas a esa imagen. Es decir, limitas el número de soluciones posibles a la imagen que te has formado. Si esa resolución

252 _____ El secreto de la Vida Cuántica

imaginada no es universal, no se manifestará. Ya lo ves, atesoramos la idea de que contribuimos de alguna manera a que la Eumoción descubra la disonancia para luego mostrarle cómo arreglarla. Esa es una perspectiva egoísta que ignora la realidad de la armonía universal. En realidad, no existe disonancia alguna. Sólo se trata de la *idea* de bien y mal, correcto y erróneo, que maquinamos en nuestras mentes. No existe ningún error universal. Eso también significa que no puede haber ningún bien universal. Hay lo que hay. Por eso, en el QE, decimos: «Aceptamos lo que obtenemos». Evita que tratemos de controlar el resultado. El control es la principal herramienta del ego y limita el resultado a una única intención.

Estamos instalados profundamente en el sosiego —libres de agitados deseos sobre ganar montones de dinero o coronar una cima más alta—, y también estamos liberados del deseo de curar. ¿Realmente es así? En lo profundo de la paz, los «valles y picos» están nivelados. El impulso de curar es aparente pero el deseo de curar ha desaparecido. Pierdes el deseo porque ya estás en paz. Qué bien. La meta final de cualquier deseo es ser consciente de la consciencia pura. Cuando finaliza la búsqueda y se va directamente a la consciencia pura, los deseos se disuelven en débiles impulsos de creatividad, en perfecta armonía con la sabiduría universal. Puedes curar mediante imágenes muy precisas o ideas generales; no importa. Tú no realizas la sanación ni tampoco la técnica. Toda sanación es sanación aparente en relación a nuestra perspectiva individual en ese momento.

25. ¿Puedo hacer QE para la comida?

¿Y qué ocurre con rezar antes de las comidas?

¿Puedo hacer QE para purificar mis alimentos o potenciar las vitaminas?

Respuesta: Desde luego, de la misma manera que lo haces para cualquier otra cosa. Hacer QE con los alimentos es estupendo porque te sosiega y prepara la digestión de cara a la comida. También ayuda a eliminar la negatividad de los pesticidas, las hormonas y otras toxinas que se abren camino en tu mente y alimentos. Si rezas antes de comer, entonces haz QE antes de rezar. Estarás más tranquilo y tu oración será más eficaz.

26. ¿El QE me hubiera hecho la cocina justo como yo la quería?

Tras meses de planear cómo sería mi nueva cocina, resulta que no quedó como yo la quería. ¿Acaso el QE me hubiera hecho la cocina justo como yo la quería?

Respuesta: Nada en la vida acaba siendo como nosotros deseamos. Cuando hacemos QE, las *cosas* a menudo salen mejor y cuando no es así, nos cuesta menos aceptarlo porque ya estamos disfrutando de la *razón esencial por la que queríamos una cocina nueva*: paz en la consciencia pura. El ego se va de vacaciones.

En realidad, no controlamos el resultado de nuestros pensamientos y acciones. Lo parece porque el ego se esfuerza en convencernos de lo contrario. Pero cuando nos detenemos a pensar en ello, nos damos cuenta de que no hay muchas cosas en la vida que acaben siendo justo como las planeamos. Cuando somos conscientes de la consciencia pura, observamos a la creación ocupándose de sus asuntos. Observamos cómo aparecen sus maravillas y no necesitamos atribuírnoslas.

27. ¿Cuánto tarda el QE en curar?

Me he fijado que en ocasiones la curación del QE sucede en segundos y que otras veces no se produce el menor cambio ni siquiera al cabo de cinco minutos. ¿Cuánto tarda el QE en curar?

Respuesta: En realidad, el QE no cura. Tú no curas. La consciencia pura no cura en realidad. La curación parece ocurrir cuando tu consciencia pasa de una realidad –o más precisamente, de una ilusión– a otra. Es verdad, la curación es cuestión de percepción consciente. La calidad de nuestras percepciones viene determinada por la cantidad de consciencia pura que percibimos. Cuanta más consciencia pura percibimos, más curación parece ocurrir. El cambio de una consciencia limitada a la ilimitada nos abre a una realización alternativa que ya existía pero, que hasta que nos abrimos a ella, seguía sin ser realizada. ¡Vaya, y lo he dicho todo de un tirón!

28. ¿Por qué el QE funciona y luego deja de hacerlo?

Obtengo grandes resultados con mis clientes y conmigo cuando utilizo QE. Pero a veces esos resultados sólo duran unos pocos días y entonces he de volver a hacer QE. ¿Por qué la curación no siempre es permanente?

Respuesta: La curación es una cuestión de percepción consciente. Si la consciencia pura se realiza con claridad, la curación es permanente. Si la consciencia pura se mantiene durante unos pocos días, la curación es menos permanente. El receptor necesitará otra dosis de QE. Es decir, se les ha de recordar la consciencia pura.

Este es un ejemplo muy claro de lo que quiero decir. Un amigo me contó el caso de una mujer que le pidió que hiciese QE sobre su vista. No podía leer las palabras en una página impresa. Mi amigo hizo QE durante un par de minutos y la mujer se sorprendió cuando los garabatos borrosos se volvieron nítidos y pudo leer la página con claridad. Pero antes de acabar de leer, todas las letras volvieron a verse borrosas. Su sistema de creencias no pudo asimilar la experiencia y perdió consciencia de la consciencia pura, y luego la visión clara. Recuperará la visión con una exposición continuada a la consciencia pura. Ahora ya sabe que es posible y eso siempre es un buen comienzo. Sólo necesita pasar más tiempo acostumbrándose a la consciencia pura. Su nueva amiga (la consciencia pura) disolverá automáticamente su viejo sistema de creencias y sin ningún esfuerzo, igual que hizo la primera vez.

29. ¿PUEDE EL QE AUMENTARME EL SALDO DE MI CUENTA BANCARIA?

¿Cómo puedo utilizar el QE con eficacia para aumentar el saldo de mi cuenta bancaria? Creo que el QE incluye la abundancia en otras áreas. ¡Me parece que yo podría acelerar el proceso!

RESPUESTA: Lo primero que debes preguntarte es: «¿Por qué quiero más dinero?». Claro está, si te estás muriendo de hambre, la respuesta será evidente. Pero si tienes suficiente, ¿entonces para qué más? El ego, inconsciente de la consciencia pura, se alimenta de miedo. El miedo es la raíz de todas las emociones negativas y de muchas de las positivas. La búsqueda de la felicidad es en muchas ocasiones la desaparición del miedo. Tu ego nunca tiene suficiente hasta que se une a la consciencia pura. Firmemente establecido en la consciencia pura, tu ego se expandirá hasta el infinito y el miedo a perder desaparecerá.

Pero, ¿y qué decir de algún dinero en efectivo en la caja? El QE puede, claro está, ayudar a ganar más dinero. El truco es hacer QE para obtener más dinero y luego olvidarse de ello. Puedes hacerlo a menudo, pero inmediatamente después de la sesión de QE (que puede durar entre 15 segundos y 15 minutos), debes continuar con tu vida como siempre. Las fuerzas de la naturaleza empezarán a reunirse alrededor de tu intención y, con el tiempo, llegará más dinero. Te garantizo una cosa: no lo obtendrás tal y como imaginas o cuando quieras. De hecho, desearlo con urgencia sólo conseguirá atrasar el proceso. Haz QE a menudo y olvídate de ello. Lograrás más, mucho más de lo esperado.

30. ¿PODRÉ LEER LIBROS MEJOR CON EL QE?

¿Podemos leer libros mejor con el QE? Por ejemplo, ¿podemos colocar una mano sobre el libro, la otra sobre la cabeza, y luego pronunciar la intención, y el contenido del libro estará disponible para mí siempre? ¡No estoy bromeando!

RESPUESTA: Desconozco la técnica «del libro a la mente». Me encantaría verlo. Soy un lector lento y sacarle la esencia a un libro así sería estupendo. En el QE no buscamos información específica. Tenemos una intención simple y *abstracta,* y luego dejamos que la Eumoción haga el resto del trabajo. De esa manera, el poder organizador de la consciencia pura es libre para recopilar todo lo necesario de la creación para satisfacer nuestras necesidades. Sabe mucho mejor que nosotros lo que necesitamos. Así que satisfacer aspectos concretos es en realidad un efecto secundario de ser consciente de la consciencia pura. El QE aplacará al ego y es precisamente el ego el que la mayoría de las ocasiones desea detalles específicos como poder y conocimiento, las dos fuerzas del Universo. No hay nada malo en buscar conocimiento específico, a menos que se haga sin ser consciente de la consciencia pura. Entonces es cuando te das cuenta de que no sabes. En el QE decimos: «El conocimiento es ignorancia».

Es estupendo que pienses de ese modo y me encanta que no estés bromeando. Todos estamos confinados, encerrados en nuestras creencias y percepciones infundadas; infundadas por la consciencia pura. No he podido dar QE a un libro y absorber su contenido con facilidad, pero tal vez tú puedas. El QE abre nuestra consciencia a posibilidades ilimitadas. Las únicas restricciones son las que nosotros nos imponemos. Eso no significa que podamos liberarnos del yugo de la ignorancia a voluntad. No tenemos que luchar contra lo que es. Lo que queremos es permitir que la sabiduría de la consciencia nos regale este maravilloso mundo tal cual es. Eso es mucho más importante que cualquier conocimiento contenido en ningún libro.

Incluso los grandes santos siguieron encadenados a los confines de la convención. Por lo general, continuaron sintiendo frustración, tristeza y preocupación; pillaron resfriados y les dolieron las articulaciones; y, excepto los más contemporáneos, han muerto. La diferencia entre ellos y el resto de la humanidad es que estuvieron anclados a la consciencia pura; no sufrían. Así que tanto si pudieron absorber conocimientos como esponjas como si no, estuvieron en paz con todo lo que les salió al paso.

Pero adelante. Haz QE en un libro por su conocimiento o abre tus alas y vuela hacia la luna. Puede que nos sorprendas a todos, atascados como estamos en nuestras mentes cotidianas. No serás el primero en hacerlo. Pero de una cosa puedes estar seguro. Cuando haces QE, tus posibilidades de romper los límites que te encadenan a la mediocridad son mucho mayores. Y aunque no consigas lo que pretendías, al menos tendrás consciencia pura, más valiosa que nada que pudieras poseer o hacer.

31. ¿PUEDO SABERLO TODO CON SÓLO PERMANECER EN LA CONS-
CIENCIA PURA?

Entiendo lo que escribe acerca de que el ego quiere controlar y obtener poder, pero, por otra parte, creo que la espiritualidad debería poder aplicarse a nuestra vida cotidiana. Así que mi pregunta es, si me preparo para un examen, ¿cuál es la diferencia si aprendo a la manera tradicional, la manera difícil, o si dejo que la consciencia pura haga el trabajo? Lo que yo entiendo sobre la consciencia es que lo sabe todo y, por lo tanto, sólo es cuestión de sintonizarla con la información.

RESPUESTA: Tienes razón al decir que tenemos todo a nuestra disposición a cierto nivel de la creación. Es sólo cuestión de hallar la manera adecuada de buscar y descubrir esa información. Existen muchas técnicas para lograrlo: campos akásicos y otros conjuntos de conocimientos sutiles. Sin embargo, eso no es QE. El QE simplemente nos permite ser conscientes de la consciencia pura, de manera que hagamos lo que hagamos, lo hagamos mejor, y con más alegría, compasión y amor. Si quieres absorber información de un libro, primero haz QE y luego lleva a cabo una técnica de conocimiento. Así es como la espiritualidad es «aplicable a la vida cotidiana».

No estoy seguro de cómo defines la consciencia. Para mí, la consciencia es una presencia concentrada que no debe confundirse con la consciencia pura. La consciencia pura es consciencia aparente, pero la consciencia no es consciencia pura. La consciencia pura trasciende todo y lo incluye todo sin implicarse. De cualquier manera, antes de liarnos al tratar de definir lo indefinible, digamos únicamente que no puedes utilizar la consciencia pura como energía. Está más allá de la energía y la forma. Hablando de forma práctica, no tienes más que ser consciente de la consciencia pura y luego hacer lo que creas que hay que hacer. En realidad, no estarás haciendo nada. Sólo da esa impresión. Pero esa es otra historia para otro momento.

32. ¿CÓMO PUEDO DESHACERME DE MI EGO CON QE?

Llevo aproximadamente cinco años aprendiendo y practicando energy work*. He aprendido TLE, TAT, toque cuántico,* BodyTalk, *códigos de sanación, Jin Shin Jyutsu, método Yuen y un poco de Matrix Energetics (que se parece mucho al QE). Normalmente practico con 2-5 amigos o miembros de la familia, todos los días. Creo que necesito más ayuda en la tarea de deshacerme del ego, de desapegarme de los resultados, de no tomarme las cosas a pecho cuando los resultados no son tan buenos como me gustaría que fuesen y con el desarrollo de más intuición; no verme ni sentirme separado de nadie y aumentar el amor y la compasión por la gente. He trabajado con algunos practicantes de Matrix Energetics y del método Yuen que son muy intuitivos y me gustaría ser capaz de hacer lo que ellos hacen, o lo que hace usted. Me gustaría aumentar la Eumoción y ser más consciente de la Consciencia, no sólo a causa del trabajo con la energía que hago, sino también para mi propio crecimiento espiritual, que, cuando se ha dicho y hecho de todo, es la auténtica razón por la que estamos aquí.*

RESPUESTA: Dices que practicas muchas técnicas curativas distintas. Puede que fuese buena idea que te preguntases por qué has estudiado tantos sistemas en tan poco tiempo. ¿Qué es lo que te impulsa a hacerlo? Da la impresión de que toda esa actividad te ha dejado algo frustrado, como puede apreciarse en tu deseo de ser más espiritual. Por extraño que parezca, la sanación llega con la quietud, no con la actividad. Ninguna técnica, incluyendo el QE, ha curado nunca nada. Por la misma regla de tres, ninguna persona ha curado nunca nada. Todos los grandes sanadores se inspiran en la quietud interior. Puede que haya llegado el momento de que, con todo tu conocimiento y técnicas sanadoras, dirijas tu consciencia hacia la consciencia pura y veas lo que sucede sin aplicar un control consciente. Todas las cosas que te gustaría lograr —deshacerte del ego, ser desapegado respecto a los resultados, aumentar el amor y la compasión— se obtienen a través del desapego, soltando. El proceso del QE tiene éxito cuando deja de funcionar; cuando el practicante está sosegado en la consciencia pura y se convierte en testigo de lo que sucede. Desde el punto de vista de la observación silenciosa, uno no puede apegarse a los resultados y sólo puede sentir compasión, amor y dicha: la Eumoción. No es cuestión de técnica. El éxito o el fracaso vienen determinados por el grado de consciencia pura que se refleja en la consciencia del sanador.

Tu experiencia con el QE te dejó «sosegado y relajado», disfrutando de una «energía sutil». Esa es la base de toda curación. De hecho, es la base de cualquier actividad, sea espiritual, física, mental, social, etc. Mantén cada vez más consciencia pura y tu vida se armonizará cada vez más con tus tendencias naturales.

33. ¿ME AYUDARÁ EL QE EN MI PRÓXIMA VIDA?

Durante tres años sólo he podido andar con muletas y sólo diez pasos muy muy lentamente. Los médicos dicen que tengo esclerosis múltiple. En mi alma siempre hay fuerza y ligereza. Y soy positivo todo el tiempo a pesar de mi dolor. Mi madre me dice que no tendré buena salud en esta vida pero que tal vez en la próxima. Espero que no sea así. Sería tan feliz si pudiese sentirme sano, caminar sin muletas y volver a tocar el piano... Por favor, ¿puede ayudarme?

RESPUESTA: No soy muy aficionado al tema de las vidas pasadas/próximas. Con la que tengo justo delante ya tengo más que suficiente. Sigue haciendo QE en ti mismo pero, sobre todo, para los demás. Ofrece ese maravilloso don a los demás y tu sanación interior evolucionará notablemente. Asegúrate de releer este libro mientras haces QE para los demás. Luego –y esto es muy importante– deja de intentar curar. Sólo alejarás la posibilidad. Concéntrate en las alegrías *con* que cuentas y haz QE. La curación que experimentarás, sea la que fuere, ocurrirá sin esfuerzo. La cantidad de sanación que tiene lugar se apreciará con el tiempo, pero eliminar tu sufrimiento psicológico te permitirá liberarte de cara a tu máxima curación física.

34. ¿PUEDO MEZCLAR QE CON OTRAS TÉCNICAS?

He empezado a aprender Meditación Trascendental (MT) hace un par de semanas. En su libro he visto que usted también practicó MT durante mucho tiempo. ¿Es posible utilizar MT combinándola con su técnica de curación?

RESPUESTA: Es cierto, practiqué MT durante algunos años y estoy muy agradecido al Maharishi por sus enseñanzas, sobre todo por la profunda sabiduría de la Ciencia de la inteligencia creativa, en la que me inspiro mucho. Pero el QE y la MT no deben mezclarse. No hay que combinar el QE con ninguna otra técnica. Haz QE primero y luego cualquier otra técnica que funcione bien. La MT es una buena técnica. Utiliza QE como meditación activa. Hazlo durante todo el día y no busques resultados. Limítate a hacerlo y sigue adelante y vuelve a hacer QE en la siguiente actividad. Rápidamente descubrirás que aumenta la ecuanimidad y la soltura, y que el empeoramiento y la falta de armonía empiezan a desaparecer. Resulta bastante asombroso que no tengas que intentar nada de todo eso. Con sólo hacer QE lo conseguirás sin ningún esfuerzo. De hecho, no sucederá de ninguna otra manera. Así que QE antes que MT, y QE antes de comer, bañarte y dormir. ¡QE, QE, QE! No puede ser más sencillo.

35. ¿PUEDO ELIMINAR AL EGO SIENDO AGRADECIDO CON LOS DEMÁS?

Me gustaría dar las gracias y ofrecer mi gratitud a la Fuente, al arcángel Rafael o a quien sea. Deja a mi ego fuera de combate. ¿Cuál es su modus operandi?

RESPUESTA: En realidad no puedes eliminar al ego utilizando la mente, que es el terreno de juego del ego. La propia idea de eliminar el ego podría ser un deseo egoísta sembrado por un ego inteligente que maneja los hilos entre bambalinas. También las buenas acciones pueden tener orígenes egoístas. La única manera segura de eliminar el pensamiento y las acciones egocéntricas es ir más allá de la mente y dejar que la consciencia pura piense y actúe. Por eso no buscamos resultados. Sólo llevamos nuestra consciencia a la consciencia pura, damos un paso atrás y dejamos que la vida se desarrolle ante nosotros. El «nosotros» en este caso es el «yo» establecido en la consciencia pura y no el ego que manipula la mente.

36. ¿PUEDE EL QE CURAR EL CÁNCER?

Tengo cáncer y también muchas dificultades al respirar. Estoy muy preocupado por mi estado y me pregunto si el QE podría curarme el cáncer.

RESPUESTA: En primer lugar, el QE no cura nada. Los médicos no curan y los medicamentos no curan. Lo que cura es la Eumoción que sale de la consciencia de la consciencia pura. Tus problemas constan de dos partes: a) la situación, como el cáncer o las dificultades respiratorias, y b) cómo te sientes respecto a esa situación. Si nuestros sentimientos son negativos con respecto a una situación, eso es lo que crea un problema. El apego emocional a un estado es lo que yo considero un problema y lo que crea sufrimiento. El QE aporta consciencia de la consciencia pura y la consciencia pura actúa a ambos niveles: al del estado físico y al del apego emocional. Por lo general, algo como la respiración responde con mucha celeridad al QE y el cáncer de manera más lenta, pero no siempre es así. Tu mejor opción tanto para tus preocupaciones como para el cáncer es hacer todo el QE que puedas para los demás y conseguir que otros hagan QE para ti. Concéntrate en vivir y deja que la consciencia pura se ocupe del resto.

Claro está, consulta siempre con un profesional de la salud para obtener orientación y tratamiento para tu estado.

37. ¿Por qué no puedo mantener la consciencia pura?

Me he esforzado en aplicar el QE en mi vida para todos mis problemas. Hago QE y obtengo consciencia pura, pero no puedo mantenerla. ¿Qué es lo que hago mal?

Respuesta: La consciencia pura no debe encontrarse porque ya está aquí. Sólo necesitas ser consciente de ello. En cuanto tienes consciencia de ello haciendo QE, tu mente dice: «Ahora debo mantenerla». Esa es la fórmula para el fracaso. Entonces es cuando dejas de hacer QE y permites que la mente se haga con el control otra vez. Estas tratando de «verlo» o experimentarlo con demasiada intensidad. No lo intentes más: deja de utilizar la mente para imaginar lo que sucede. Tu mente se interpone.

Vuelve atrás y practica el ejercicio de «detener el pensamiento», en el que te planteas a ti mismo la pregunta: «¿De dónde vendrá mi próximo pensamiento?». Percibirás una pausa en el pensamiento, una especie de detención momentánea en el pensamiento. En esa abertura no hay nada, pero sigues consciente, ¿verdad? Ni pensamientos ni sensaciones, sólo una detención del pensamiento. En esa nada sigues consciente, ¿verdad? Eres consciente sin pensar. Eso es consciencia pura. Pero ni siquiera has de mantener alejados los pensamientos porque puedes tener consciencia pura y pensamientos también, así como emociones e incluso actividad. Cualquier cosa que puedas tener sin ser consciente de la consciencia pura, también puedes tenerla con ella. No hace falta que intentes imaginarlo. Tu mente nunca lo comprenderá. Por eso el QE resulta tan increíble. Lleva tu consciencia a la consciencia pura sin que tengas que imaginarlo. No tienes más que hacer QE y ahí estás. No tienes más que hacer QE y...

Apéndice B

La historia de Nada y de cómo cambió el mundo

De niño, viví en el Japón de después de la Segunda Guerra Mundial. Recuerdo hacer esas cosas que les encanta hacer a todos los chicos: atrapar abejas en un tarro, construir fuertes con piedras y palos en la tierra y tenderme en el suelo de espaldas observando cómo las algodonosas nubes blancas se deslizaban por un cielo de color azul saturado. La vista de los niños es la vista de los santos. Pero todo eso cambia, ¿verdad? Fue entonces cuando tuve mi primer despertar espiritual. Estaba desanimado y rabioso a causa de mis clases de judo. Sentado, frustrado y furioso, sobre la estera *tatami*, mi *sensei* me enseñó una técnica psicoquinética que me vació de la rabia y me llenó de sosiego interior. Me sorprendió la alegría.

A lo largo de mi adolescencia y de los primeros años adultos, leí y practiqué yoga, respiración y meditación. Pude mantener la mirada infantil al ir a la universidad, casarme y crear una familia. A principios de la década de 1970 me convertí en profesor de Meditación Trascendental y estudié la Ciencia de la Inteligencia Creativa (CIC) bajo la amable guía del Maharishi Mahesh Yogi. Más tarde, la CIC se convertiría en el fundamento de una exploración más profunda en la esfera más allá de la mente: la consciencia pura.

Durante 15 años me dediqué por completo a la investigación espiritual. Mi programa diario incluía tres horas y media de meditación, con tiempo adicional dedicado a estudiar y enseñar prácticas espirituales. Acumulé más de dos años y medio de silencio, meditación profunda literalmente secuestrado en cimas montañosas de los Alpes franceses y suizos, a lo largo de meses en cada ocasión. El motor tras mi dedicación era el ensalzado y más bien esquivo estado de iluminación. Creí poder iluminarme a base de fuerza de voluntad y austeras y oscuras prácticas.

Durante esa época, tuve muchas, profundas y significativas experiencias espirituales. Empecé a resonar a niveles de existencia cada vez más delicados y sutiles. Pasé tiempo aprendiendo al nivel de los ángeles. Me senté frente a las enseñanzas de maestros ascendidos. Hallé la forma de Dios y la observé disolverse en la informe esencia de divinidad. Por último, me hice consciente de la consciencia pura, de la Nada omnipresente de la que todo nace y en la que todo vuelve a disolverse.

Me encontré con un pie en cada mundo: el mundo competitivo de la vida cotidiana y las esferas etéreas de seres sutiles y suave entrega. No fue una época fácil física ni emocionalmente. Me resultaba difícil concentrarme en mi familia y mi profesión, cuando el sereno silencio del «otro» mundo me hacía señas desde cada trémula forma.

A finales de la década de 1980 conocí a un grupito de buscadores espirituales dedicados al estudio y práctica de técnicas meditativas. Sería en esa época cuando empecé a recibir instrucción de mi maestro desencarnado, Shiva, el destructor de la ignorancia. Transmití las técnicas al grupo y las practicamos, para a continuación transmitirlas a otras personas. Esas técnicas fueron las precursoras del Quantum Entrainment (QE). Podíamos curar, dar conferencias e incluso fomentar la experiencia de la paz en otros. Enseñé durante siete años pero cuando miraba en mi interior para comprobar si me había acercado a la iluminación, no podía, honestamente, decir que sí. Observé a quienes seguían mis enseñanzas y descubrí que podían inspirar curación e interés en prácticas esotéricas pero que también ellos habían fracasado a la hora de mostrar cualquier tipo de crecimiento interior significativo. Así que, a mediados de la década de 1990, me alejé de mis estudiantes y enseñanzas y empecé a mirar profundamente en mi interior, en pos de una respuesta para mi larga búsqueda de liberación del sufrimiento.

Decidí apartar de mi vida cualquier cosa que no fomentase la iluminación. Empecé a apartar todo lo que no funcionaba. Fue un proceso que duró siete años más. Esta época fue la más dolorosa de mi vida. Durante la misma, puse fin a un matrimonio de 30 años, abandoné la enseñanza, cerré mi consulta quiropráctica, me enamoré y desenamoré y me alejé de amigos y familia, trasladándome a una ciudad donde me encontraba prácticamente solo. Entonces fue cuando empecé a escribir *Beyond Happiness: How You Can Fulfill Your Deepest Desire*.

En esa época descubrí que nada de lo que había hecho funcionaba. En mi casa nueva, solo y sin ningún rumbo marcado en mi vida, enfermé. Permanecí postrado en la cama un día tras otro, bajo una oscura nube de depresión, mientras mi cuerpo acabó sucumbiendo a los años acumulados de estrés y decepción. Desarrollé enfermedades físicas que me agotaron, y me era imposible pensar con claridad. No pude escribir en diez meses.

Durante esa época de profunda oscuridad, tuve un notable despertar, distinto de todo lo que había experimentado hasta entonces. Se alzó como un faro en la oscuridad de la noche. En un único destello intuitivo me di cuenta de que nada se mueve; que todas las cosas y pensamientos creados son reflejos inmóviles de consciencia pura. De hecho, de alguna manera que no puedo explicar, la forma no existe. Forma y movimiento son uno y la misma vaciedad inmóvil. Cualquier esfuerzo por explicar esta experiencia resulta burlonamente inadecuado. Tanto si puedo explicar esa revelación como si no, lo cierto es que resuena profundamente en la calma que es mi esencia (no mi esencia, sino la Esencia). Desde ahí es desde donde pienso, trabajo, amo y lloro. Sería en esa época cuando empezaría a abrirse a mi percepción la mecánica de la creación. A partir de ahí nacería el QE y yo empezaría a aprender a curar.

Tardé varios años más en acabar enraizando todo el impacto de mi cognición. De hecho, sigo observando cómo se desarrolla el proceso. Es como si el reflejo de consciencia pura que llamo «yo» tuviera que ser insuflado de totalidad lentamente, a lo largo de un tiempo aparente. Y por consiguiente, sin esfuerzo, he ido observando una tranquila metamorfosis de dentro afuera. Mientras tanto estoy en paz y también en una aparente confusión. Mi vida es como antes, me frustro, me enfado, me entristezco y me siento feliz. En ocasiones me supera la condición humana, pero regreso rápidamente y sin esfuerzo a la tranquilidad interior, como un prado prístino tras un chaparrón estival. Pero mi vida —o, más adecuadamente, esta vida– también es insondable, libre de forma y función; libre para ser... nada.

No dejaba de repetirme que nada funcionaba. Luego me di cuenta de que nada funcionó. Esa es la «nada» de consciencia pura, y es la única cosa que funciona y eso es porque es nada. Todo el tiempo que meditaba, leía y enseñaba, tenía una meta: liberarme del sufrimiento. Mientras tenía ese objetivo, no hallaba satisfacción. ¿Lo ves? Un objetivo crea un camino y un camino te aleja de donde estás. Pero mi cognición me mostró que la nada de la consciencia pura está en todas partes, todo el tiempo. Es decir, no hay ningún sitio al que ir ni nada que puedas hacer para obtener paz porque ya está donde estás tú. No puedes conseguir nada que ya tienes. Lo único que tienes que hacer es ser consciente de que ya lo tienes, ¿no? Una meta y un camino son ilusiones. Alejan la mente de la consciencia inmóvil y la introducen en el mundo ilusorio de bueno y malo, correcto y erróneo, de la felicidad impermanente y el sufrimiento extremo.

Así que ahí radica el núcleo de mi enseñanza: no necesitas hacer nada para ser consciente de la consciencia pura. Ya tienes consciencia pura y, por lo tanto, sólo has de ser consciente de ella. Todo el tiempo que pasé en profunda meditación y estudiando para liberarme del sufrimiento no hizo más que acentuar mi sufrimiento. No era necesario. Para liberarse sólo es necesario ser consciente de la consciencia pura, y eso es lo más sencillo que hay en la existencia.

No hace ni un par de años, estaba tranquilamente contemplando la grave situación de la humanidad en la Tierra. Me preguntaba cómo podría sustituirse nuestro sufrimiento por la paz interior que tanto han ensalzado santos y sabios a lo largo de los siglos. Me preguntaba por qué éramos tantos los que nos volvíamos hacia el exterior –alejándonos de la dicha interior– para abrazar los placeres transitorios de los sentidos. Esa sencilla pregunta fue la que abrió mi consciencia a la genialidad de lo que más adelante llamaría QE. Por favor, que quede claro que no reclamo la autoría de esa revelación. Ni siquiera de plantearme la pregunta. En realidad, tanto la pregunta como la respuesta son superfluas, pero esa es una historia para otra ocasión.

De lo que me di cuenta fue de que nuestras díscolas mentes han de mostrarse interesadas de alguna manera en algo antes de poner la atención adecuada. Así que le ofrecí a la mente el pensamiento de la curación instantánea. Eso le interesó en principio, pero el problema es que la nada de consciencia pura no estimula nuestras mentes. En realidad, nuestros sentidos nunca pueden experimentar consciencia pura y nuestras mentes nunca lo entenderán. Así pues, ¿qué podemos hacer? Mi desafío radicaba en interesar a la mente en algo que no pudiera experimentar y enseñarle algo que no pudiera entender. Entonces la mente tendría que continuar en este estado inexperimentable de consciencia lo suficiente como para sentir los efectos armoniosos en el cuerpo y la mente. Eso debería ser un proceso realmente rápido, pues la mente es extremadamente inquieta. La respuesta llegó en la forma de la Eumoción, un golpe de genialidad más. La Eumoción equilibra la mente entre la inmovilidad absoluta de consciencia pura y su actividad impulsiva y constante. La Eumoción mantiene la mente ahí, no sólo hasta que se beneficia el cuerpo-mente del iniciador, sino también del receptor con el que trabaje. Fue una idea de lo más notable y totalmente única. Deseaba ponerla en práctica.

Lo hice y me sorprendieron la velocidad y la profundidad de la curación de este nuevo proceso. A continuación intenté enseñarlo y descubrí que otras personas podían aprender el

proceso de QE con tanta rapidez y facilidad como se practicaba. Unos meses después de descubrir el QE escribí *La curación
cuántica*, para que personas de todo el mundo pudieran aprender a experimentar la consciencia pura a través de la curación.

Mientras escribo esto, la traducción alemana de *La curación cuántica*, (*Quantenheilung*) ha sido el libro más vendido en
las categorías de «Curación natural» y «Esoterismo» durante
los últimos siete meses, sin indicios de que vaya a aflojar. Eso se
consiguió gracias al boca a boca, que sigue corriendo. El resto
de Europa —en realidad el resto del mundo, desde Australia
hasta Austria, de Angola a Estonia— está empezando a despertar al dichoso potencial del QE. *La curación cuántica* también se
ha publicado en español y checo, y pronto aparecerá en otros
países.

En resumidas cuentas, el crecimiento del QE ha sido
fenomenal cuando se piensa que sólo apareció hace un par de
años y que todavía está en pañales. Pero de nuevo, no debería
sorprendernos porque una de las primeras intenciones que
tuve en mente tras desarrollar el QE fue su rápida difusión y,
con ella, la de la armonía en este mundo. Parece que el futuro
del QE está ligado a la suerte de nuestro mundo. Los detalles de
la paz mundial, la inestabilidad ecológica, la pobreza y otras
cuestiones no tienen una solución sencilla, al menos no mientras se trate de trabajar al mismo nivel de falta de armonía que
los creó. El pensamiento discordante debe, necesariamente,
reflejar acciones discordantes. La respuesta para la armonía en
el mundo no radica en los detalles, sino en la realización de
nuestra naturaleza interna y armónica. Al igual que la insidiosa
naturaleza del pensamiento caótico ha debilitado nuestro
mundo, también los rayos enriquecedores del Ser pueden
sanarlo. Creo que el QE añadirá la fuerza espiritual necesaria

para crear el punto de inflexión para la paz. Luego alcanzaremos, en conjunto, lo que hasta el momento sólo ha realizado un pequeño número de iluminados. Al fin estaremos completos, reflejando armonía perfecta en un mundo en paz con su Ser.

Glosario

AMOR. *Véase* Eumoción.

CONOCIMIENTO. El conocimiento es el resultado de reunir información que se agrega a nuestra comprensión. El conocimiento es una síntesis de comprensión y experiencia. Es relativo y cambia según el momento y las circunstancias. El conocimiento es ignorancia.

CONSCIENCIA (consciencia consciente, consciencia común). Percepción del mundo relativo sin consciencia del Ser. El aparente flujo de consciencia pura a través de los estrechos confines de la mente. Cuando la consciencia consciente se vuelve hacia el interior y se vuelve consciente del Ser, se vuelve Autoconsciente.

CONSCIENCIA DEL SER. Consciencia de ese aspecto eterno e ilimitado de la vida a partir del que son creados mente-cuerpo-entorno. En su estado más simple, se reconoce como el intervalo entre pensamientos. La realización

completa del Ser llega a partir de su disolución en consciencia pura. En ese punto, no puede observarse ningún
Ser separado, pues todas las cosas son iguales en su expresión de consciencia pura. Ser es sinónimo de Dios, el
creador informe.

CONSCIENCIA PURA. El Conocimiento más elevado. Consciencia de lo que es inalterable, sin principio ni fin. Consciencia de la Nada. Cuando se es consciente de la consciencia,
se comprende que la creación es una ilusión (*véase* Des-
Conocer). Se Sabe sin tener que comprenderlo, que todo,
pasado, presente y futuro, existe simultáneamente. Se
percibe que no hay movimiento. Todas las cosas creadas
son la inmóvil e inexistente ilusión de la consciencia pura.

DES-CONOCER. Des-conocer es consciencia de la Nada. Cuando el Ser se aparta, dejando sólo consciencia pura... Eso es
Des-Conocer. La ventaja del Des-Conocedor es la de no
conocer ningún movimiento ni a nadie más. Ningún
movimiento significa que es atemporal y a nadie más significa que es Uno. Des-Conocer no tiene ningún sitio al que
ir ni nada que hacer. La ilusión de moverse y hacer queda
al descubierto. Es libre para ser. Des-Conocer es la realización de la unidad absoluta (*Véase* Consciencia pura).

DESEO. Un deseo es una emoción dirigida por el ego. Es algo
que crees que quieres o necesitas para que una parte de ti
se sienta más completa. Los deseos surgen de la memoria
y llegan acompañados de un sinfín de pensamientos y
emociones de apoyo. Crea acciones destinadas a satisfacer el deseo. Esas acciones sólo crean más deseos y más
intensos.

DICHA. *Véase* Eumoción.

DIOS. La definición de Dios cambia en función del nivel de percepción consciente. En la consciencia consciente, Dios tiene energía y forma. Cuando se es consciente del Ser, Dios es el creador. Cuando se es consciente de la consciencia pura, Dios no es.

EGO. El ego surge cuando la mente olvida que es el Ser. Es la entidad controladora de la mente inconsciente. Nace del miedo que es a la vez su envoltura y combustible. Quiere ser íntegro y fundirse con el Ser pero teme ser asimilado por el mismo. El ego intenta eliminar lo que no puede controlar. Siente que si pudiera controlarlo todo, sería íntegro. Es la causa primera del sufrimiento. Tiempo, miedo y ego son uno y lo mismo. El ego es una ilusión. La consciencia del Ser elimina la destructora influencia del ego sobre la mente, pero no destruyéndolo, sino expandiéndolo hasta el infinito.

EMOCIONES. Las emociones son condicionadas. Todas las emociones proceden de la emoción primera: el miedo. El miedo crea inseguridad, que a su vez produce la correspondiente emoción, pensamiento y acción. Las emociones están asociadas al tiempo psicológico. Cuando el miedo se manifiesta en el pasado, produce sentimientos de culpabilidad, venganza, autocompasión, remordimiento, tristeza, etc. Percibido en el futuro, el miedo produce sentimientos de tensión, temor, preocupación, orgullo, etc. La cólera es la primera expresión de miedo y también se expresa tanto en el futuro como en el pasado. Felicidad, entusiasmo, deleite e incluso el amor son emociones condicionadas basadas en el miedo. Las emociones pueden producir otras emociones. No pueden producir Eumociones.

ENTREGA. Entregarse significa renunciar a toda esperanza y no mirar al futuro en busca de mejoras. No es «soltar». Significa abrir nuestra consciencia al Ser y esperar a ver qué opciones surgirán de ese estado de posibilidades infinitas. La entrega, la renuncia, la rendición, reconoce al Ser como la respuesta a todos los problemas.

ESPIRITUAL. La percepción y práctica de hacerse consciente del Ser.

EUMOCIÓN. Las Eumociones son emociones puras e incondicionadas. Son el estado natural de una mente consciente de su Ser. Al principio parecen ser jerárquicas, pero cada una es un aroma distinto del Ser en la mente. La jerarquía aparente empieza con calma, que luego evoluciona a paz, alegría, dicha, éxtasis y más tarde completa la inmersión en lo indescriptible. Las Eumociones pueden producir emociones. Las emociones no pueden producir Eumociones (sinónimos del Ser).

IMPULSO. El estado en que se restablece automáticamente la consciencia del Ser cuando ésta se pierde.

INTUICIÓN. La expresión del Ser en el mundo fenoménico. Consciencia del Ser (sinónimo de sabiduría).

«YO». Todo lo que hace única a una persona es «yo». «yo» está compuesto de pensamientos y emociones, experiencias, recuerdos, esperanzas y temores. «Yo» va cambiando a lo largo de la vida.

MIEDO. El miedo es la chispa que se crea cuando la mente se separa del Ser. El miedo es la suma total de todas tus emociones, incluyendo felicidad y placer. Es el primer activador de la mente separada del Ser (sinónimo de tiempo y ego).

NADA. La Nada no puede comprenderse. La Nada no está vacía. La Nada no está separada de lo que ha sido creado a partir de ella. Es Su creación. Todo es Nada. La Nada sólo aparece como el mundo fenoménico. La consciencia pura es Nada. Cuando uno se vuelve consciente de la consciencia pura, conoce la Nada, que es Des-Conocer. Para conocer el Ser hay que conocer la Nada.

OBSERVAR. *Véase* Testigo.

PAZ. *Véase* Eumoción.

PURO SER. El puro ser es consciencia pura. Como la consciencia pura está en todas partes a la vez, no se mueve y por lo tanto es puro ser.

SABER. Cuando el Ser se vuelve consciente de sí mismo, es Conocer. La transición de conocer a Conocer es ser consciente del Ser. Conocer nos alimenta con ternura, nos guía y protege. Es lo que denominamos intuición. La intuición es la expresión tierna del Ser reflejado en la mente. Intuición es Conocer sin análisis o lógica, pero que enriquece y alimenta a ambos. La intuición es Conocer que Nada lo tiene todo controlado.

SABIDURÍA. La expresión del Ser en el mundo fenoménico; intuición.

SER. El Ser es ilimitado y está más allá del tiempo. Es consciente sin movimiento. El Ser se manifiesta en el océano silencioso de consciencia pura cuando hay algo que observar. Cuando se vuelve consciente de su propia existencia, se vuelve consciente del amor puro. El síntoma de la consciencia haciéndose consciente del Ser es la paz interior. Es la parte inalterable de ti que estaba allí en la infancia, adolescencia y edad adulta, observando pero sin interferir, sin verse afectado pero apoyando todo lo que eres. Al principio, es el testigo silencioso de tu vida. Al final, la ola del

Ser comprende que no hay nada que observar y vuelve a asentarse en el océano de consciencia pura.

TESTIGO. El testigo es una puerta a través de la cual la consciencia común debe pasar para encontrar la consciencia pura. El testigo es el Ser. En las primeras etapas de observación, el testigo está separado de los objetos y la actividad. En las etapas más completas de observación, el testigo empieza a reconocer la quietud del Ser en los objetos y las actividades. Finalmente, el testigo pierde su individualidad y se funde en la consciencia pura (sinónimo de Observador).

TIEMPO PSICOLÓGICO. El tiempo psicológico es la causa de todos los problemas a los que se enfrenta la especie humana. La mente que no es consciente del presente vacila entre pasado y futuro, ninguno de los cuales existe. Esta vacilación crea la ilusión de movimiento que llamamos tiempo. Los problemas surgen cuando confundimos la ilusión con la verdad. La mente firmemente asentada en el presente está sosegada y rompe la ilusión de movimiento, eliminando así la causa del sufrimiento.

«YO». *Véase* Ser.

YO SOY. *Véase* Ser.

Frank recibirá encantado tus comentarios y preguntas.
Puedes ponerte en contacto con él en:
www.QuantumEntrainment.com
Correo electrónico: info@QuantumEntrainment.com

Índice